由于我国目前处于财税制度的变革期,各项条例及法规的变化都比较大,这要求中小企业经营者和相关财税人员密切关注国家发布的最新财税政策和通知,以免因条例更改而给企业带来麻烦。

中小企业财税一本通

第3版

聂桃 著

北京联合出版公司
Beijing United Publishing Co.,Lt

图书在版编目（CIP）数据

中小企业财税一本通 / 聂桃著. -- 3版. -- 北京：北京联合出版公司, 2018.6（2024.6重印）
　ISBN 978-7-5596-1793-4

　Ⅰ.①中… Ⅱ.①聂… Ⅲ.①中小企业—企业管理—财务管理—基本知识②中小企业—企业管理—税收管理—基本知识 Ⅳ.①F276.3②F810.423

中国版本图书馆CIP数据核字（2018）第045938号

中小企业财税一本通（第3版）

作　　者：聂　桃
出 品 人：赵红仕
选题策划：北京时代光华图书有限公司
责任编辑：郑晓斌　徐　樟
特约编辑：刘冬爽
封面设计：新艺书文化

北京联合出版公司出版
（北京市西城区德外大街83号楼9层　100088）
北京时代光华图书有限公司发行
北京晨旭印刷厂印刷　新华书店经销
字数113千字　787毫米×1092毫米　1/16　12印张
2018年6月第1版　2024年6月第9次印刷
ISBN 978-7-5596-1793-4
定价：49.00元

版权所有，侵权必究
未经书面许可，不得以任何方式转载、复制、翻印本书部分或全部内容。
本书若有质量问题，请与本社图书销售中心联系调换。电话：010-82894445

前 言

中小企业经营者创业艰难，他们往往历经坎坷才最终功成名就。但对于他们来说，财税知识的缺乏常常是一个大问题，轻则干扰企业的日常财务工作，重则造成企业偷税漏税，被税务机关稽查处罚。

税务问题，追根溯源还是来自企业的账本。特别是新入行的财务人员，由于经验缺乏，面对一大堆票据和数据，经常茫然无措。为了躲避税务机关的稽查，有时会临时抱佛脚，往往做出两套账，但这无异于饮鸩止渴。

中小企业经营者该了解哪些财税知识，才会不为财务所累？新入行的财税人员，每天面对企业应接不暇的收入和支出，应该如何应对？企业应该如何规避纳税风险，正确处理财税问题？

本书将一一为您解答。

这本书的主题是企业的财税问题。中小企业的老板可以通过这本书了解自己的企业在经营发展中会涉及哪些税种，可能出现什么样的税务问题；新入行的会计人员可以从这本书中全面了解企业发展过程中的涉税问题，也可以学到如何替企业规避各种财税风险。

其实很多会计服务过的企业可能仅局限于一个行业，而这本书的内容涉及各行各业的税务问题。比如你做过销售行业，如果现在换到服务行业，你会怎么样去考虑税务问题？本书可以给你理清思路，让你清晰、全面地去看企业的财税问题。

最后，再提醒大家一句，由于我国目前处于财税制度的变革期，各项条例及法规的变化都比较大，这要求中小企业经营者和相关财税人员密切关注国家发布的最新财税政策和通知，以免因条例更改而给企业带来麻烦。

目 录

┃第一章┃ 创办企业所需的证件、印章、票据

营业执照的办理　　/003

银行开户的办理　　/018

各类印章的办理及使用规范　　/020

支票和发票的使用　　/024

┃第二章┃ 企业重要税种的处理及筹划

企业主要涉及税种　　/037

关于外贸企业增值税出口退税　　/083

┃第三章┃ 账务处理的七大关键及技巧

投入　　/089

收入　　/090

成本　　/092

费用　　/096

税金　　/097

　　　　往来账　　/099

　　　　利润　　/100

┃第四章┃　财务报表的分析解读

　　　　解读资产负债表　　/105

　　　　解读利润表　　/115

　　　　解读现金流量表　　/121

　　　　如何从财务报表中看经营　　/123

┃第五章┃　完善企业财务管理制度

　　　　了解企业财务管理制度　　/129

　　　　规范企业财务管理的关键　　/132

　　　　账务处理常见的重点和难点　　/137

┃第六章┃　做好财务人员的任用

　　　　如何看财务人员的品行和工作态度　　/145

　　　　如何看财务人员的技能　　/146

　　　　如何看财务人员的经验　　/147

　　　　如何看财务人员的职称　　/148

后记　/150

附录　/152

第一章

创办企业所需的证件、印章、票据

对于企业经营来说，很多情况下都需要企业提供一些相关证件。而且有些证件需要办理如年审等一些审核手续，如果没有及时办理，企业就要承受一些行政处罚。如果企业里没有人注意到这些问题，或者没有想到这些需要处理的事情，就会给企业造成麻烦。

《中华人民共和国电商法》于2019年1月1日起实施，新电商法明确要求，电商也必须办理营业执照才能正常运营，否则是不可以继续店铺经营的。所以，微商、网店店主也要办理营业执照、税务登记。

对于企业经营来说，很多情况下都需要企业提供相关证件。而且有些证件需要办理如年审等一些审核手续，如果没有及时办理，企业就要承受一些行政处罚。如果企业里没有人注意到这些问题，或者没有想到这些需要处理的事情，就会给企业造成麻烦。

如何注册一家公司，全国情况大同小异，但具体政策及流程略有不同。一般情况下，注册一家公司，有自己去办理整个流程的，也有委托代办公司办理的。

虽然国家一直在做工商登记改革，从前几年的"三证合一"到后来的"五证合一"，再到现在的"多证合一"政策，开办公司的手续也是越来越方便、简捷。但对于初创者来说，如何注册一家公司、要跑哪些部门、需要准备哪些材料、大约要多久能办下来、都有哪些流程，可能很多人还不清楚，下面我们就对这些政策和流程做一下简单介绍。

◎ 营业执照的办理

2016年6月30日，国务院办公厅发布了《关于加快推进"五证合一、一照一码"登记制度改革的通知》（国办发〔2016〕53号），要求从2016年10月1日起正式实施"五证合一、一照一码"，在更大范围、更深层次实现信息共享和业务协同，巩固和扩大"三证合一"登记制度改革成果,进一步为企业开办和成长提供便利化服务,降低创业准入的制度性成本,优化营商环境,激发企业活力,推进大众创业、万众创新,促进就业增加和经济社会持续健康发展。这里的"五证合一",即指工商营业执照、组织机构代码证、税务登记证、社会保险登记证和统计登记证这"五证"合在一起办理的登记制度(以下简称为"五证合一")。

到2017年5月12日,国务院办公厅又发布了《国务院办公厅关于加快推进"多证合一"改革的指导意见》(国办发〔2017〕41号),要求在"五证合一、一照一码"登记制度改革和个体工商户工商营业执照、税务登记证"两证整合"的基础上,将涉及企业(包括个体工商户、农民专业合作社,下同)登记、备案等有关事项和各类证照(以下统称"涉企证照事项")进一步整合到营业执照上,实现"多证合一、一照一码"。这为人们办理营业执照提供了更加便利的条件,也使企业进入市场的时间得以大幅度缩短。目前,各地都在进行从"五证合一"到"多证合一"的改革,因为"多证合一"中提到的证件种类每个地区都不尽相同,所以这里仅以"五证合一"为例,具体情况还需要企业负责人到所在地区的工商局和相关税务机关查询确认。

"五证合一"规定公司注册时,需持工商网报系统审核通过的《新设企业五证合一登记申请表》,到工商局大厅多证合一窗口办理,经窗口受理并核对信息资料无误后,工商局工作人员会将企业材料和《工商企业注册登记联办流转申请表》传递至质监、税务、社保、统计这四个部门,由他们分别完成后台信息录入,然后到工商局打印下载出五证合一的营业执照。这一过程以往至少需要15个工作日,而现在只需两个工作日左右即可办理完成。

一、营业执照的办理流程

办理营业执照流程共六步：

第一步，咨询领表

最好直接去所在地的工商管理部门咨询清楚相关事宜，因为不同地方的工商管理部门要求提供的材料会有些微小的不同，另外工商管理部门不同时期对要求提供的材料也可能会有些调整变化。

要想顺利办好营业执照，首先就是亲自上门咨询具体要提供的资料及有关要求，并领回相关的各种表格。包括设立登记申请表、股东（发起人）名单、董事经理监理情况、法人代表登记表、指定代表或委托代理人登记表等。

第二步，核准公司名称

即准备好公司的名称，一般要准备三到五个左右的名称，因为重名的名称是不可以用的。另外工商机关还对有些名称有特别限制要求。

申请时应当提交下列文件：

全体股东签署的公司名称预先核准申请书；

全体股东签名的共同委托代理人的证明；

工商行政管理机关规定要求提交的其他文件。

预先核准的公司名称保留期为6个月。预先核准的公司名称在保留期内，不得用于从事经营活动，不得转让。

一般公司都会选择注册为有限责任公司，若公司准备以后上市，或者股东比较多，可考虑注册为股份有限公司。

常见的公司名称一般分为三种形式，不同形式之间并没有本质区别，注册时任选其一即可。

举例：

1. 地区+字号+行业+组织形式

例：北京壹贰叁信息技术有限责任公司

2. 字号+（地区）+行业+组织形式

例：壹贰叁（北京）信息技术有限责任公司

3. 字号+行业+（地区）+组织形式

例：壹贰叁信息技术（北京）有限责任公司

建议公司在起名时，将字号在"国家企业信用信息公示系统"上查询是否已经被注册，尽量保证没有重名，这样通过率会高一些。

附：《企业名称登记管理规定》第十三条：

下列企业，可以申请在企业名称中使用"中国"、"中华"或者冠以"国际"字词：

（一）全国性公司；

（二）国务院或其授权的机关批准的大型进出口企业；

（三）国务院或其授权的机关批准的大型企业集团；

（四）国家工商行政管理局规定的其他企业。

第三步，租办公场地

这个环节特别要注意的事项是一定要清楚当地工商机关对办公场地的要求，例如有的地方不允许在居民楼里办公，而有的地方却可以，但有一定的前提条件。如果注册的公司是生产性质的，工商机关对办公地点的要求更多，例如该场地还应具有合法的消防许可、环保许可等。

注册地址就是公司在营业执照上登记的"住址",不同的地方对注册地址的要求也不一样,具体应以当地工商局的规定为准。

各地对注册地址的要求,主要有以下几类:

北京等地

只允许写字楼、商铺等商业地产注册公司。

深圳、广州等一些沿海经济比较发达的地方

除商业地产注册公司外,民居也可以进行注册。

上海等地

则居于上面两种之间。虽然规定中只允许商业地产注册公司,但实质上政府作为第三方,特批了一些经济园区、开发区,它们能够为居民或小公司提供合法注册地址。

根据上面介绍的几种注册地址要求,不同公司可以根据所在地的具体条件选择适合的注册地址,这里,还需要注意两点内容:

1. 初创企业如果资金紧张,可以选择入驻创业孵化器(即集中办公区),使用它们的注册地址来用于公司营业执照的办理。

2. 公司的注册地址可以变更,但跨城区的税务变更会比较麻烦和复杂,所以在选择注册地址时,最好先确定好城区。

第四步,制定公司章程

这个其实很简单,工商管理部门有样本,一般在工商管理部门拿表时就可以顺手拿一份样本,或者在工商局网站下载"公司章程"的样本,根据自己公司的情况把有关针对性很强的地方修改一下就可以了,例如公司名称、办公地址、股东等等。章程写好后,最后由所有股东签名。

第五步,递交资料

把准备好的文件资料：设立登记申请表、股东（发起人）名单、董事经理监理情况、法人代表登记表、指定代表或委托代理人登记表，以及核名通知、公司章程、房租合同、房产证复印件、验资报告等一起交给工商机关相关的注册登记办理窗口。注册所需的资料准备得符合规定，当场就会通过窗口初审收下你的资料，并给经办人一个回执。如果有问题，就会告知你具体问题，让你回去修改好后再来递交资料。

针对不同的公司形式，其需要的申请材料也不一样，根据工商局网站及网络公开信息，其具体如下：

有限责任公司

1. 公司法定代表人签署的《公司登记（备案）申请书》。

2. 全体股东签署的《指定代表或者共同委托代理人的证明》及指定代表或委托代理人的身份证复印件；应标明指定代表或者共同委托代理人的办理事项、权限、授权期限。

3. 全体股东签署的公司章程。

（注：可以在工商局网站下载"公司章程"的样本，修改一下即可。章程最后需要由所有股东签名，并署名日期。）

4. 股东的主体资格证明或自然人身份证件复印件。

5. 董事、监事、经理的任职文件（股东会决议由股东签署，董事会决议由公司董事签字）及身份证明复印件。

6. 法定代表人的任职文件（股东会决议由股东签署，董事会决议由公司董事签字）及身份证件复印件。

7.《企业名称预先核准通知书》。

8. 法律、行政法规和国务院决定规定设立有限责任公司必须报经批准的，提交有关的批准文件或许可证书复印件。

9.公司申请登记的经营范围中有法律、行政法规和国务院决定规定必须在登记前报经批准的项目,提交有关的批准文件或许可证书复印件或许可证明。

10.《承诺书》。

11.住所使用证明。

注:住所使用证明材料的准备,分为以下三种情况:

(1)若是自己房产,需要房产证复印件,自己的身份证复印件;

(2)若是租房,需要房东签字的房产证复印件,房东的身份证复印件,双方签字盖章的租赁合同和租金发票;

(3)若是租的某个公司名下的写字楼,需要该公司加盖公章的房产证复印件,该公司营业执照复印件,双方签字盖章的租赁合同,还有租金发票。

股份有限公司

1.《公司登记(备案)申请书》。

2.《指定代表或者共同委托代理人授权委托书》及指定代表或委托代理人的身份证件复印件。

3.由会议主持人和出席会议的董事签署的股东大会会议记录(募集设立的提交创立大会的会议记录)。

4.全体发起人签署或者出席股东大会或创立大会的董事签字的公司章程。

5.发起人的主体资格证明或自然人身份证件复印件。

(1)发起人为企业的,提交营业执照复印件;

(2)发起人为事业法人的,提交事业法人登记证书复印件;

(3)发起人股东为社团法人的,提交社团法人登记证复印件;

(4)发起人为民办非企业单位的,提交民办非企业单位证书复印件；

（5）其他发起人提交有关法律法规规定的资格证明。

6. 募集设立的股份有限公司提交依法设立的验资机构出具的验资证明，涉及发起人首次出资是非货币财产的，提交已办理财产权转移手续的证明文件。

7. 董事、监事和经理的任职文件及身份证件复印件。

依据《公司法》和公司章程的规定，提交由会议主持人和出席会议的董事签署的股东大会会议记录（募集设立的提交创立大会的会议记录）、董事会决议或其他相关材料。其中股东大会会议记录（创立大会会议记录）可以与第3项合并提交，董事会决议由公司董事签字。

8. 法定代表人任职文件（公司董事签字的董事会决议）及身份证件复印件。

9.《企业名称预先核准通知书》。

10. 募集设立的股份有限公司公开发行股票的应提交国务院证券监督管理机构的核准文件。

11. 法律、行政法规和国务院决定规定设立股份有限公司必须报经批准的，提交有关的批准文件或者许可证件复印件。

12. 公司申请登记的经营范围中有法律、行政法规和国务院决定规定必须在登记前报经批准的项目，提交有关批准文件或许可证件的复印件。

13.《承诺书》。

14. 住所使用证明。

注：住所使用证明材料的准备，分为以下三种情况：

（1）若是自己房产，需要房产证复印件，自己的身份证复印件；

（2）若是租房，需要房东签字的房产证复印件，房东的身份证复印件，双方签字盖章的租赁合同和租金发票；

（3）若是租的某个公司名下的写字楼，需要该公司加盖公章的房产证复印件，该公司营业执照复印件，双方签字盖章的租赁合同，还有租金发票。

个体工商户

1. 经营者签署的《个体工商户开业登记申请书》。

2. 经营者的身份证复印件；申请登记为家庭经营的，以主持经营者作为经营者登记，由全体参加经营家庭成员在《个体工商户开业登记申请书》经营者签名栏中签字予以确认。提交居民户口簿或者结婚证复印件作为家庭成员亲属关系证明；同时提交其他参加经营家庭成员的身份证复印件，对其姓名及身份证号码予以备案。

3. 申请登记的经营范围中有法律、行政法规和国务院决定规定必须在登记前报经批准的项目，应当提交有关许可证书或批准文件复印件。

4. 经营场所使用证明。个体工商户以自有场所作为经营场所的，应当提交自有场所的产权证明复印件；租用他人场所的，应当提交租赁协议和场所的产权证明复印件；无法提交经营场所产权证明的，可以提交市场主办方、政府批准设立的各类开发区管委会、村居委会出具的同意在该场所从事经营活动的相关证明。

5. 委托代理人办理的，还应当提交经营者签署的《委托代理人证明》及委托代理人身份证复印件。

这里需要注意的是，以上各项中未注明提交复印件的，应当提交原件；提交复印件的，应当注明"与原件一致"并由个体工商户经营者或者由其委托的代理人签字。

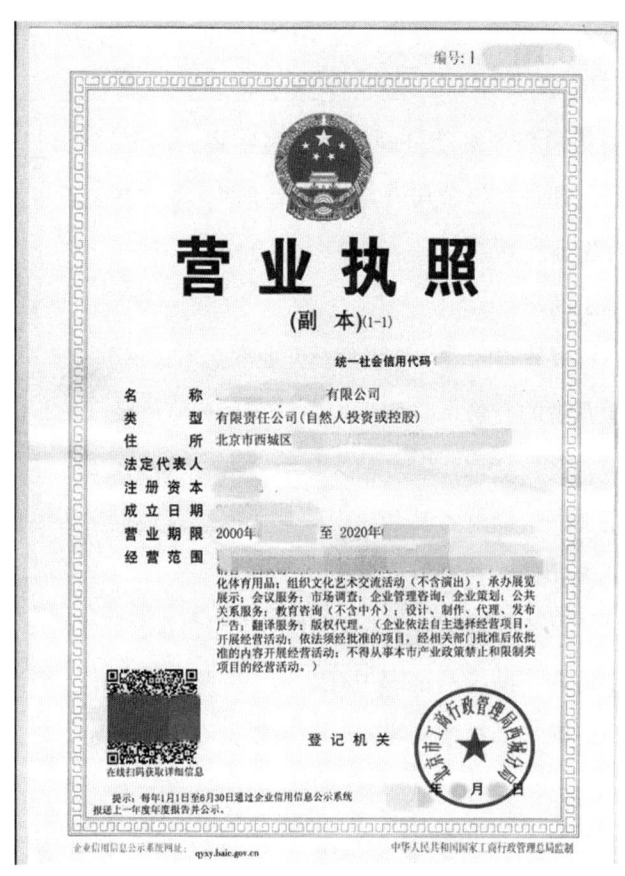

营业执照样例

第六步,领取执照

根据回执上面的提示,在规定的工作日内就可以领取执照了,领取执照时要交相应的注册费。根据注册资金金额的区别收费会不一样。执照有两本,一本大的是正本,一本小的是副本。正本一般是 A3 纸大小,副本是 A4 纸大小。拿到营业执照后,公司就拥有合法身份了。

需要引起注意的是,《中华人民共和国公司法》(以下简称《公司法》)对办理营业执照时有关注册资本的规定进行了修改,由实缴制改为认缴制，并于 2014 年 3 月 1 日起正式施行。这之后，工商部门对公司的注册资本只做登记，不再要求申请人提供验资报告，但在公司章程里还是需要注明股东的出资金额，以及金额的认缴期限。各股东应在承诺的认缴期限内缴纳完毕，并以认缴的出资额为限承担责任。

工商部门会对企业进行抽查，如果企业在认缴期限到期后，银行对公账号上的金额没有达到之前承诺的认缴金额的话，工商部门将会对该企业进行相应的处罚，并列入经营异常名录，向社会进行公示。

《公司法》规定，注册公司时，投资人（股东）必须缴纳足额的资本，可以以货币形式（也就是人民币）出资，也可以以实物（如汽车）、房产、知识产权等出资。到银行办的只是货币出资这一部分，如果你有实物、房产等作为出资的，需要到会计师事务所鉴定其价值后再以其实际价值出资，这样的话就比直接货币出资手续要麻烦点。

二、营业执照的年报

国家工商总局宣布，自 2014 年 3 月 1 日起停止对领取营业执照的有限责任公司、股份有限公司、非公司企业法人、合伙企业、个人独资企业及其分支机构、来华从事经营活动的外国 (地区) 企业，以及其他经营单位的企业年检。

根据国务院出台的《注册资本登记制度改革方案》，企业年度检验制度改为企业年度报告公示制度，个体工商户验照也将建立符合个体工商户特点的年度报告制度。2013 年 12 月，工商总局就已发文暂停个体户验照。

据悉,下一步将推行全国统一标准规范的电子营业执照。工商总局对此解释说,传统的"重审批轻监管"将转变为"宽准入严监管",这将推动政府管理方式由事前审批为主,向事中、事后监管为主转变,更加有利于形成宽松准入、公平竞争的市场秩序。

这样就为创业者和企业主带来了几大方便:

"年检"改"年报",不报告将入黑榜

对于企业来说,以往每年3月1日至6月30日的年检"是件大事"。其间,工商部门要在规定时间内,对企业上一年度的情况进行检查。

《注册资本登记制度改革方案》提出,企业年检制度改为企业年度报告公示制度。企业应当按年度在规定的期限内,通过市场主体信用信息公示系统向工商机关报送年度报告,并向社会公示,任何单位和个人均可查询。

企业"年报"的主要内容包括公司股东(发起人)缴纳出资情况、资产状况等,企业对年度报告的真实性、合法性负责,工商机关可以对企业年度报告公示内容进行抽查。经检查发现企业年度报告隐瞒真实情况、弄虚作假的,工商机关依法予以处罚,并将企业法定代表人、负责人等信息通报公安、财政、海关、税务等有关部门,形成"一处违法,处处受限"。

对未按规定期限公示年度报告的企业,工商机关会将其载入经营异常名录。企业在3年内履行年度报告公示义务的,可以申请恢复正常记载状态;超过3年未履行的,工商机关将其永久列入严重违法企业"黑名单"。

"门槛"成本降低,可以"一元钱办公司"

此次改革进一步放松了企业准入条件的管制，对于创业者而言，意味着注册公司"门槛"和创业成本最大限度地降低。这对小微企业特别是创新型企业来说无异于打了一剂强心针。

根据改革方案，公司、公司股东（发起人）可自主约定注册资本总额，取消有限责任公司最低注册资本3万元、一人有限责任公司最低注册资本10万元、股份有限公司最低注册资本500万元的限制，也就是说理论上可以"一元钱办公司"。

还可自主约定公司设立时全体股东（发起人）的首次出资比例，也就是说理论上可以"零出资"。自主约定出资方式和货币出资比例，对于高科技、文化创意、现代服务业等创新型企业提高知识产权、实物、土地使用权等财产形式的出资比例，克服货币资金不足的困难。另外不再限制两年内出资到位，可自主约定公司股东（发起人）缴足出资的出资期限，提高公司股东（发起人）资金使用效率。

金融机构监管，27个行业资本实缴登记

改革后，公司实收资本不再作为工商登记事项。在进行公司登记时，也无须提交验资报告。

不过，包括银行业金融机构、证券公司、期货公司、基金管理公司、保险公司、直销企业、对外劳务合作企业、融资性担保公司，以及劳务派遣企业、典当行、小额贷款公司等27个行业，仍然实行注册资本实缴登记制。工商总局表示，世界各国普遍对金融机构实施审慎监管，要求金融机构具备相当数量的实缴资本，以维护金融稳定。

改革方案还特别提出建立健全境外追偿保障机制，将违反认缴义务、有欺诈和违规行为的境外投资者及其实际控制人列入"重点监控名单",并严格审查或限制其未来可能采取的各种方式的对华投资。

住所登记简化,违建内不得搞经营

经营场所是企业实际从事经营活动的机构所在地。现实中,很多企业,特别是小微企业、初创企业、新业态等,对住所(经营场所)的要求很低。工商总局表示,各地要根据本地区实际,简化登记手续,放宽住所(经营场所)条件,申请人提交场所合法使用证明即可予以登记。这样有利于释放场地资源,鼓励和加快社会投资。

但是对住所(经营场所)的条件不能"一刀切",做出统一规定,而是由地方政府根据法律法规的规定和本地区管理的实际需要,按照既方便注册,又要保障社会经济生活规范的原则,做出具体规定。

国家工商总局相关负责人介绍说,出于社会治理的需要,并非任何场所都可以注册为住所,例如注册登记的住所是违章建筑或危险建筑,就可能造成住所的合法性问题和严重的安全隐患;注册登记的住所是民用住宅的,经营者的经营活动可能扰乱邻里生活,造成民事纠纷。"在住所(经营场所)规范管理方面,需要进一步落实政府各职能部门的协同监管责任。"

工商部门将根据投诉举报,依法处理市场主体登记经营场所与实际情况不符的问题。对于应当具备特定条件的住所(经营场所),或者利用非法建筑、擅自改变房屋用途等从事经营活动的,由规划、建设、国土、房屋管理、公安、环保等部门依法管理;涉及许可审批事项的,由负责许可审批的行政管理部门依法监管。

办理营业执照年检的一般流程:
(1)企业领取《年检报告书》。
(2)填写《年检报告书》。

（3）企业申报年检须提交的材料。

年检报告书。

营业执照副本。

企业上一年度资产负债表和利润表。

其他应当提交的材料：

非法人分支机构除提交《年检报告书》营业执照副本外，还应提交所属法人营业执照复印件。营业执照复印件应当加盖主管机关的公章，其他材料是指年检时，企业因某种情况，须向登记机关说明或报告的材料。

（4）登记主管机关受理审核年检材料，审核通过后，在其营业执照副本上贴当年度通过年检的标识或加盖年检戳记。

（5）随着办公现代化，现在很多地方都推行网上年检。基本程序和以上差不多，主要是填写《年检报告书》，只是在网上办理，比较方便，提高了办事效率。

关于营业执照，我们还需要注意几点：

第一，营业执照上填写的注册资本，有可能不是企业的实际投资资本，注册资本不再要求马上验资投资到位，而是实行认缴制，企业实际投资可以根据自己的实际情况，量力而行。

第二，企业执照的年审，需要每年的6月30日前到各地工商局网站上上传企业各项数据资料，如不按时上传资料，企业会有不良记录。

第三，内容变更，很多企业老板觉得内容变更是件非常麻烦的事情，在这里我要说，其实内容变更并不难，尤其是现在，工商部门的很多手续都在简化，甚至可以先在网上办，然后直接去工商部门换证即可。这不但简化了手续，也减少了很多费用。比如地址的变更、公司的更名，工商局有整套的办事流程规范，网上也有相关的资料、范本文件提供，很多城市的税务网上都有相关的办事流程，所以执照的内容变更其实并不是一件很难的事情。

○ 银行开户的办理

国务院常务会议决定，2019年年底前取消企业银行账户许可，目前已在江苏、浙江正式推广取消。

一、如何开立企业银行账户

企业开立基本存款账户的手续如下。

第一，开立基本存款账户需准备好以下资料，交验银行核实：营业执照正本，税务登记证正本，法人（经办人）身份证原件，组织机构代码证，公章、财务章、法人章，法人授权书。

第二，如实填写开立单位银行结算账户申请书，并加盖公章。

第三，开户行应与存款人签订《人民币单位银行结算账户管理协议》，开户行与存款人各执一份。

第四，填写"关联企业登记表"。

第五，银行送报中国人民银行核准，中国人民银行核准并核发开户许可证后，开户行会将开户许可证正本及密码、开户申请书客户留存联交与客户签收。

开立一般存款账户需要出具基本结算账户开户许可证正本及复印件一份，其他资料与基本存款账户一样。

二、企业银行结算账户种类

（1）基本存款账户：企业的现金支取，只能通过基本存款账户办理。一个单位只能选择一家银行的一个营业机构开立一个基本存款账户，不得同时开立多个基本存款账户。

（2）一般存款账户：该账户可以办理现金缴存，但不得办理现金支取。

（3）临时存款账户：指企业因临时需要并在规定期限内使用而开立的银行结算账户。企业有设立临时机构、异地临时经营活动、注册验资情况的，可以申请开立临时存款账户。临时存款账户的有效期最长不得超过两年。

（4）专用存款账户：指企业按照法律、行政法规和规章，对有特定用途资金进行专项管理和使用而开立的银行结算账户。

三、基本账户与普通账户的区别

企业的营业执照办好之后，就需要到银行去开户，现在银行开户有两种账号：一种是基本存款账户，一种是一般存款账户，也叫普通账户。

基本账户和普通账户的区别在于，基本账户可以提取现金，普通账户则不可以提取现金，普通账户只能转账。用公司的账户转账的时候，不可以转到私人账上，私人的存款转到公司账户或者私人账户都可以。

有人说他的基本账户是可以转到私人账上的，我想可能是他用基本账户先提取现金，然后再存到别人账户上的。他忽略了中间的一道程序。就是说，他先提现金出来，再存到私人账户去。感觉好像是基本账户可以转账，其实只是提了现金，再存款。

基本账户都有一个开户许可证，这是通过中国人民银行统一颁发的。有了这个开户许可证，你才可以办理普通账户。反过来说就是，普通账户是通过这个许可证办理的。所以，如果工商局、税务局要检查，只要有你的开户许可证的基本账户，就能知道你究竟开了多少个账户。因为开户的流程是，先有许可证，再开基本账户，有基本账户和开户许可证了，才能去办理普通账户，也就是通常所说的银行账户。

○ 各类印章的办理及使用规范

一般企业必须具备的印章有：公章，财务专用章，发票专用章，法人或者股东私章。

有些企业因业务方面的需要还有其他印章，如合同专用章、业务专用章、报检专用章、报关专用章、收货专用章、发货专用章等。

企业刻制公章、财务印章，必须经过公安机关备案。在公安机关备案之后，要到定点公章刻制企业制作公章。这些印章的制作跟工商局没有关系，都归属公安局管理。另外，企业法人或者股东私章一般是不需要备案的。

企业印章的管理至关重要，如被他人盗用或冒用，很可能给企业带来不必要的纠纷，甚至会带给企业难以承担的责任。因为，印章的管理关系到公司正常的经营管理活动的开展，还影响到公司的生存和发展，所以必须做到以下几点。

第一，印章必须指定专人妥善保管，不得转借他人。

第二，公司应建立印章管理卡，领取和归还印章的情况都要在卡上予以记录。

第三，印章持有情况要纳入员工离职时移交工作的一部分。如员工持有公司印章，须办理归还印章手续后方可办理离职手续。

第四，涉及法律等重要事项需使用印章的，需要特别谨慎。在使用盖章前，必须由相关责任人及领导签字，而且最好先让法律专业人士审核之后再签字。

第五，如果企业使用印章的人员较多，那么为防止不必要事件的发生，维护公司的利益，企业最好制定一个详细的印章管理办法。

下面我们来看一下各类印章在企业中起到的作用。

一、公章

公章具有法律效力，可以证明企业签合同或者出具文件在法律上是有效的。人们看文件，最后认的就是它上面的公章。公章的功能非常多，比如企业签合同时，既可以用合同章也可以用公章。另外，企业的一些证明资料都要用公章来证明。比如我们去一些部门办事填一些申请文件，还有为一些员工出具的证明，都要加盖公章，这些都说明了公章的重要性。

有家企业曾经发生过这样的事情：该企业的公章是由财务人员保管的，以前的同事要财务人员出具一份个人的收入证明。财务人员就想大家以前都是同事，觉得不会有什么问题，他也没问这个证明开了有什么用，就帮人家盖了章。

但是，财务人员万万没想到，那个同事就拿着这份个人收入证明跑去跟别人打官司，把这个证明当作证据，用来证明自己的收入有多少，希望对方按照他的收入来赔付。结果打官司的另一方觉得这份证明是虚假证明，把这家企业告上了法庭，给企业惹来了巨大的麻烦。因为收入证明上的公章是真实的，所以证明一旦被作为证据提交到法院，就有了法律效力。因此，拥有公章的企业是要负法律责任的。原本是跟企业完全没有关系的事情，就因为随便给人盖了个公章，给企业带来了如此大的麻烦。我讲这个事例就是想提醒大家，一定要妥善保管公章并严格监管公章的使用。

二、财务章、私章

财务章和私章是企业在银行账户的预留印鉴，也就是说，企业银行账户的钱转进转出都需要用到财务章和私章。银行每次转钱都要核实这两个印鉴，如果转账单据上的印鉴和银行的预留印鉴吻合，钱就可以被转走。所以，没管理好企业的财务章和私章，就等于没有好好管理企业账户上的钱，万一被人拿到财务章和私章，就可以随时从企业账上转钱。我相信，明白了财务章和私章的重要性，任何企业老板都会重视和管理好私章与财务章的。

三、发票章

发票章是用在企业开出去的发票上的，不管是在普通发票，还是在专用发票上面，都必须盖发票章。但目前发票上盖发票章或者财务章都可以。不过，各地的规定是有差异的，有的城市要求一定要盖发票章，有的城市就可以盖财务章。

四、合同章

合同章顾名思义就是证明合同有效的印章。企业签的所有合同上都要盖合同章。合同章备案以后，就代表了企业。有些企业没有专门刻合同章，用公章来代替合同章签订合同，这样也是可以的，因为公章的法律效力比合同章更大。

需要注意的是，合同章只是用来签合同用的。有的公司因为办事人多，大家分工比较细，所以就专门刻一个合同章出来，方便销售人员或者是采购人员签订合同时使用。但公章一般都是必须由办公室人士保管。

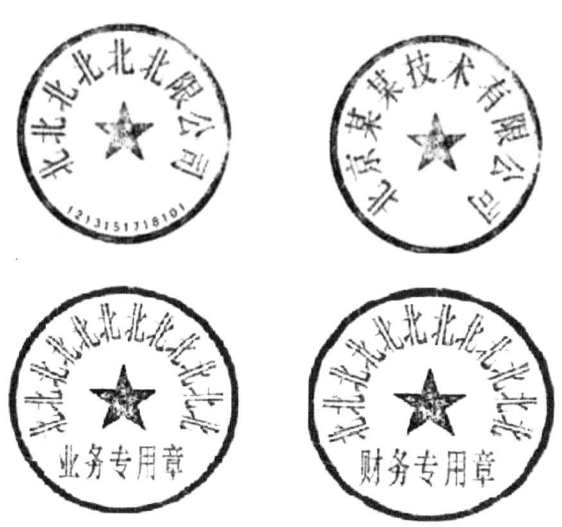

不同类型印章样例

支票和发票的使用

一、支票

支票是企业用于银行款项的转出和现金的提取凭证。

(一)支票的购买

购买支票时,要在支票的领购凭证上填写单位的名称、账号、所购买支票的类型和数量,盖上单位预留银行印鉴,带上经办人身份证,到开户银行指定窗口办理。银行领购凭证可以到银行索取。

(二)支票的使用

(1)现金支票使用:现金支票的收款人一般是个人或本单位的(提取备用金)出票人,收款人和被背书人是同一个,背书的身份证号写经办人的就可以了。现金支票存根要撕下来作为企业的记账原始单据。

(2)转账支票使用:在支票左上方没画两条斜线,就只能转账,不能取现金了。转账支票和现金支票一样,存根要撕下来作为企业的记账原始单据。

(3)公司开错支票(现金支票、转账支票)一定要盖作废章或者手写作废,这个必须做,以防止作废支票被不法分子利用。而且即使丢失也不会对企业有太大的影响。作废的支票要在财务部门统一保管,可以粘贴在一起,和银行对账单一起保管。

(三)支票的填写

(1)出票日期(大写):数字必须大写。

大写数字写法:零、壹、贰、叁、肆、伍、陆、柒、捌、玖、拾。下面我们来看几个例子。

- 2019 年 8 月 5 日：贰零壹玖年捌月零伍日

叁月至玖月前"零"字可写可不写，壹日至玖日前的"零"字必须写。

- 2019 年 2 月 13 日：贰零壹玖年零贰月壹拾叁日

壹月和贰月前的"零"字必须写，拾日至拾玖日必须写成壹拾日及壹拾×日（前面多写了"零"字也认可，如零壹拾伍日）。

- 2019 年 11 月 29 日：贰零壹玖年壹拾壹月零贰拾玖日

拾月至拾贰月必须写成壹拾月、壹拾壹月、壹拾贰月（前面多写了"零"字也认可，如零壹拾月），贰拾日至贰拾玖日必须写成贰拾日及贰拾×日，叁拾日至叁拾壹日必须写成叁拾日及叁拾壹日。

（2）收款人：

①现金支票收款人可写为本单位名称，此时现金支票背面"被背书人"栏内加盖本单位的财务专用章和法人章，之后收款人可凭现金支票直接到开户银行提取现金（由于有的银行各营业点联网，所以也可到联网营业点取款，具体要视联网覆盖范围而定）。

②现金支票收款人可写为收款人个人姓名，此时现金支票背面不盖任何章，收款人在现金支票背面填上身份证号码和发证机关名称，凭身份证和现金支票签字领款。

③转账支票收款人应填写为对方单位名称。转账支票背面本单位不盖章。收款单位取得转账支票后，在支票背面"被背书人"栏内加盖收款单位财务专用章和法人章，填写好银行进账单后连同该支票交给收款单位的开户银行委托银行收款。

（3）付款行名称、出票人账号：为本单位开户银行名称及银行账号，例如，中行高新支行沙河分理处，1202027409900088888，账号小写。

（4）金额人民币（大写）：数字大写写法为零、壹、贰、叁、肆、伍、陆、柒、捌、玖、拾、佰、仟、万、亿。

举例：

- 289,546.52：贰拾捌万玖仟伍佰肆拾陆元伍角贰分
- 7,560.31：柒仟伍佰陆拾元零叁角壹分

此时"陆拾元零叁角壹分"中"零"字可写可不写。

- 532.00：伍佰叁拾贰元正

"正"写为"整"字也可以，不能写为"零角零分"。

- 425.03：肆佰贰拾伍元零叁分
- 325.20：叁佰贰拾伍元贰角

注意：角字后面可加"正"字，但不能写"零分"，比较特殊。

（5）金额人民币小写：最高金额的前一位空白格用"￥"字头打掉，数字填写要求完整清楚。

（6）付款用途：

①现金支票有一定限制，一般填写"备用金""差旅费""工资""劳务费"等。

②转账支票载明资金用来支付具体什么款项。

（7）盖章：

支票正面盖财务专用章和法人章，缺一不可。印泥为红色，印章必须清晰，若印章模糊就只能将该支票作废，换一张重新填写、重新盖章。反面盖章与否参见前面"收款人"项。

（8）常识：

①支票正面不能有涂改痕迹，否则支票作废。

②受票人如果发现支票填写不全，可以补记，但不能涂改。

③支票的有效期为10天，日期首尾算一天。遇节假日顺延。

④支票见票即付，不记名。（丢了支票尤其是现金支票就相当于票面金额数目的钱丢了，银行不承担责任。现金支票一般要素填写齐全，假如支票未被冒领，在开户银行挂失；转账支票假如支票要素填写齐全，在开户银行挂失，假如要素填写不齐，到票据交换中心挂失。）

⑤出票单位现金支票背面有印章盖模糊了，可把模糊印章打叉，重新再盖一次。

⑥收款单位转账支票背面印章盖模糊了（此时《中华人民共和国票据法》规定是不能以重新盖章的方法来补救的），收款单位可带转账支票及银行进账单到出票单位的开户银行去办理收款手续（不用付手续费），俗称"倒打"，这样就用不着到出票单位重新开支票了。

⑦背书时注意收款人名称和背书章的名称要一致，容易出现的错误是日期填写错误、收款单位与背书单位印鉴不符。

（四）支票的保管

（1）空白支票必须与印章分开存放，并指定专人分别保管和签发，不得随意携带空白支票外出购物，不得在空白支票上预先盖好印鉴备用，更不得出租、出借或转让支票给其他单位和个人使用。

（2）由于银行清分机对清理、分拣的支票在平整、直挺等方面要求较高，且单联式支票未装订成本，因此应使用中国人民银行统一制作的支票盒和支票夹，对支票进行妥善保管，保证支票的干燥，切口边缘的齐整。外出携带支票时，保持支票的平整，以避免因计算机无法识别而影响资金的及时清算。

（3）使用支票要建立健全支票管理制度，加强内部空白支票购领、使用、登记、销号等的监控管理。

以下支票领用流程供参考：

- 填写"支票领用单"
- 部门主管、领用人签字
- 由财务科长找领导审批
- 财务科长将"支票领用单"交给现金会计
- 现金会计登记"支票使用登记簿"
- 签发支票
- 盖齐支票上的印鉴章（为了保证企业资金的使用安全，印鉴的财务章和私章最好由两个人分开保管）之后就可以交给领用人了

二、发票

很多人会对发票的认识和了解不够，其实不同的行业使用不同的发票，不同的发票分别归属不同的税务部门管理。企业使用的发票因为行业不同，分别要到发票归属管理的税务部门去领购。目前，发票均归国家税务局统一管理，尤其在营业税改增值税后，涉及营业税种行业的发票已经逐步被废除，大多数企业只需到国家税务局领购增值税种行业的发票即可。

那么，对于发票的使用和管理有哪些具体要求呢？我们下面来详细看一看。

（一）发票的开具

（1）发票启用前首先要检查一下。重点查看发票有无缺联少页、重号少号、字迹模糊不清、错装混订、漏章错章、断纸废页等

问题。如果发现问题，则该发票不能使用，应及时向主管税务机关报告，待请示后再作处理，不得擅自处理。

（2）填开发票时，要按所领购的发票顺序、时间顺序逐份填开，不能跳本、跳号填开，也不能多本同时填开；要按发票票面的内容逐项进行填写，不得空格、漏项或省略；必须按企业经济活动的真实内容打写；票面要清楚、工整，不得涂改套用和重用，填开完成后加盖好发票专用章；对因填开或计算错误而作废的发票，应当全份完整保存，并加盖"作废"戳记。

（3）增值税专用发票的发票作废和红字发票（负数发票）。

第一种情况，符合作废条件的（同时符合以下条件），发票注明作废，开票软件注明作废：

- 收到退回的发票联、抵扣联时间未超过销售方开票当月
- 销售方未抄税并且未记账
- 购买方未认证或者认证结果为"纳税人识别号认证不符""专用发票代码、号码认证不符"

第二种情况，不符合作废条件的发票，就得开具红字发票：

①购货已认证，由购货方填写《开具红字增值税专用发票申请单》。

如果认证通过，就可以将《开具红字增值税专用发票申请单》提交主管税务机关，税务机关返回《开具红字增值税专用发票通知单》（一式三联，一联购货方留存，一联由购货方给销货方，一联税务机关留存）。然后，将通知单交给销货方，根据销货方的红字发票和通知单作进项税额转出。

如果认证结果为"纳税人识别号认证不符""专用发票代码、号码认证不符"，则在《开具红字增值税专用发票申请单》上填写相对

应的蓝字专用发票信息，其他同上。最后，将通知单交给销货方，进项税不得抵扣，也不做进项税额转出。

②购买方未认证且所购货物不属于增值税扣税项目范围，由购货方填写申请单。

在申请单上填写具体原因以及相对应蓝字专用发票的信息，主管税务机关审核后出具通知单。购买方不作进项税额转出处理。

③购货方未认证，由销售方填写申请单。

销售方须在专用发票认证期限内向主管税务机关填报申请单，在申请单上填写具体原因以及相对应蓝字专用发票的信息，同时提供由购买方出具的写明拒收理由、错误具体项目以及正确内容的书面材料，主管税务机关审核确认后出具通知单。销售方凭通知单开具红字专用发票。

④由购买方申请开具负数发票的情况有以下几种。

第一，已经由购货方认证的增值税发票，发生退货或发票开具错误需要开具负数发票的，由购货方申请开具负数发票。

第二，因专用发票抵扣联、发票联均无法认证的，由购买方填报《开具红字增值税专用发票申请单》，并在申请单上填写具体原因以及相对应蓝字专用发票的信息，主管税务机关审核后出具《开具红字增值税专用发票通知单》。购买方不作进项税额转出处理。

第三，购买方所购货物不属于增值税扣税项目范围，取得的专用发票未经认证的，由购买方填报申请单，并在申请单上填写具体原因以及相对应蓝字专用发票的信息，主管税务机关审核后出具通知单。购买方不作进项税额转出处理。

⑤由销货方申请开具负数发票的情况（前提是发票未认证，发票在180天的认证期内），具体情况如下。

第一，因开票有误购买方拒收专用发票的，销售方须在专用发票认证期限内向主管税务机关填报申请单，并在申请单上填写具体原因以及相对应蓝字专用发票的信息，同时提供由购买方出具的写明拒收理由、错误具体项目以及正确内容的书面材料，主管税务机关审核确认后出具通知单。销售方凭通知单开具红字专用发票。

第二，因开票有误等原因尚未将专用发票交付购买方的，销售方须在开具有误专用发票的次月内向主管税务机关填报申请单，并在申请单上填写具体原因以及相对应蓝字专用发票的信息，同时提供由销售方出具的写明具体理由、错误具体项目以及正确内容的书面材料，主管税务机关审核确认后出具通知单。销售方凭通知单开具红字专用发票。

第三，发生销货退回或销售折让的，除按照《国家税务总局关于修订〈增值税专用发票使用规定〉的通知》的规定进行处理外，销售方还应在开具红字专用发票后将该笔业务的相应记账凭证复印件报送主管税务机关备案。

（二）发票的保管

发票保管是指对尚未填用的发票以及已经开具的发票存根联、专用发票抵扣联进行专门的保存管理。

（1）企业要建立发票保管制度。如：专人保管制度、专库保管制度、专账保管制度、保管交接制度、定期盘点制度。

（2）做到发票领购、发出的手续清；做到账目清、账实符；做到经手人责任清。

（3）做好"五防"，即防火、防盗、防霉烂变质、防虫蛀鼠咬、防丢失。

（4）执行六个不准：一是不准转借、转卖发票，二是不准跨规定区域携带、邮寄、运输空白发票，三是不准出现账实不符的情况，四是不准擅自调账，五是不准擅自处理发票中出现的空白联和其他质量残缺的无效联，六是不准擅自核销未满保管期的发票存根（存根应妥善存放五年）。

纳税人发生丢失、被盗发票事件的，应立即向主管税务机关报告，并在报刊和电视等传播媒介办理相应的挂失手续，公告声明作废。向主管税务机关填报《发票挂失/损毁报告表》，并附送公安部门受理报案的有关材料、刊登遗失声明的版面原件和复印件。

（三）电子发票的兴起

随着互联网的发展和电子信息技术的提高，电子发票也应运而生，并逐渐成为一种新的值得企业关注的发票类型。

电子发票和纸质的普通发票一样，由国家税务局统一发放，并按需求分配给商家。它的发票号码采用的是全国统一编码和统一的防伪技术，在电子发票上附有当地电子税务局的签名机制。电子发票的产生与应用，扭转了中国几十年的财税管理理念，是企业不能忽视的一种热门的发票类型，它主要有以下几个优点：首先，电子发票显著提升了企业的财税信息提取效率，降低了企业的财务成本，使企业经营活动更加便利；其次，电子发票也使政府对企业的监管更加有效和透明，并极大推动了政府部门的信息化管理进程；最后，与传统纸质发票相比，电子发票具有无纸化、低能耗、易保存、易查询等优点，并逐渐成为互联网企业、电子商务企业的首选发票形式。

国家相关政策的发布和修订也在一定程度上说明了政府对企业使用电子发票的支持。国家税务总局曾在2015年发布《关于推行通过增值税电子发票系统开具的增值税电子普通发票有关问题的公告》，决定自2015年12月1日起在全国范围内推行增值税电子发票系统,并决定自 2015 年 8 月 1 日起,在北京、上海、浙江和深圳开展电子增值税发票系统试点工作。到 2017 年 3 月 21 日,国家税务总局又发布了《关于进一步做好增值税电子普通发票推行工作的指导意见》,使电子发票服务平台建设更加规范化,并重点在电商、电信、金融、快递、公用事业等有特殊需求的纳税人中大力推行使用电子发票。

虽然电子发票有很多优点,但依然有许多企业和消费者对电子发票存在顾虑和担心,尤其是有的企业会担心是否需要增加相应的专业设备、对于开票量比较大的企业,电子发票是否会增加额外的负担、电子发票是否可以报销等问题。

其实,企业大可不必担心这些问题,根据国家税务总局发布的相关政策和法规,企业不需要增加任何设备,开票软件升级后使用金税盘或税控盘即可开具电子增值税普通发票;开票量很大的企业也不用担心企业会增加额外的负担,因为该企业必须使用多个税控盘才能满足其开票需求。根据相关数据统计,现在对于要求开票速度达到每分钟 30 份以上,每日开票量超过 5 万份,而且需要集中管理开票的个别企业,升级版提供税控开票服务器(即大容量、高性能的税控盘,相当于 100 个至 500 个普通税控盘)的解决方案,便可轻松解决购买大量税控盘的问题了,且多个开票点可以通过网络登录服务器同时开票。

电子发票的报销相比于纸质发票在操作流程方面更为简便,而且转换为纸质发票的步骤也不复杂。根据国家税务局相关公告,开票方和收票方如果需要纸质发票,可以自行打印增值税电子普通发票的版式文件,其法律效力、基本用途、基本使用规定等与税务机关监制的增值税普通发票相同。增值税电子普通发票的发票代码为

12位，编码规则：第1位为0，第2—5位代表省、自治区、直辖市和计划单列市，第6—7位代表年度，第8—10位代表批次，第11—12位代表票种（11代表增值税电子普通发票）。发票号码为8位，按年度、分批次编制。

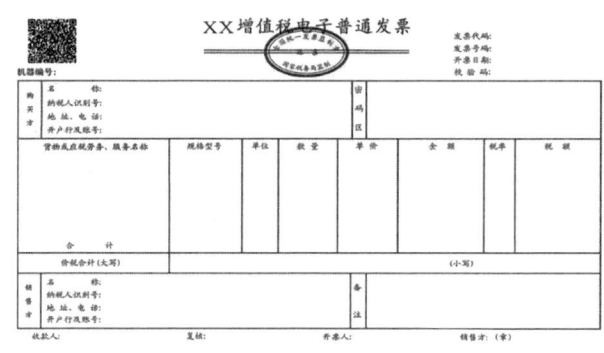

电子发票样例

第二章

企业重要税种的处理及筹划

当企业涉及具体税种的时候，就可以查询适合自己企业的优惠政策。一般情况下，我们只需要知道有哪些税种，以及每个税种大致的优惠方向即可。在遇到具体问题的时候，再上网细查。

只要企业能真正掌握这些内容，在税收方面就可以避免很多失误，基本不会再产生把不该缴的缴了、不该漏的漏掉的情况，也就避免了麻烦和处罚。

企业主要涉及税种

在2018年3月13日公布的国务院关于提请审议国务院机构改革方案的议案建议中,要求改革国税地税征管体制。将省级和省级以下国税地税机构合并,具体承担所辖区域内的各项税收、非税收入征管等职责。国税地税机构合并后,实行以国家税务总局为主与省(区、市)人民政府双重领导管理体制。

改革国税地税征管体制,不仅可以减轻纳税人的负担和成本,解决纳税人同时缴国税、地税时出现的"多头跑"等问题;而且,国税、地税两套机构的设置也存在着资源重置的弊端,在现行制度体系下,实行一套机构对于提高征管效率也有一定的好处。中小企业家和相关财务管理人员一定要在平时多关注这方面的新闻,及时了解国税地税征管体制改革的动向,以免因消息滞后而给公司缴税带来不必要的麻烦。

一、关于印花税

(一)实收资本印花税

印花税是每家企业拿到执照时要面临的第一个税种。不管你是什么样的企业,拿到执照首先涉及的就是印花税。因为执照上都会标明注册资本,印花税就是根据企业实际收到的投资款为计税基数来计算的。具体来说,实收资本乘以万分之五就是企业需要缴纳的印花税金额。

我们很多会计,特别是新入行的会计,都不知道要交印花税。原因是很多会计人员刚开始接触企业财务工作时,往往接触到的是已经成立了一段时间的企业,而不是新企业。这样,很多时候会计新人可能不会去仔细查看前面的账务,也不懂得去查看企业之前都交了哪些税种,这就导致了他们根本不知道企业会涉及印花税。但当这些会计新人换了一家企业去工作,如果恰好遇到的是一个刚成立的新企业,而由于他们根本就不知道企业要申报缴纳实收资本的印花税,于是就会造成该企业漏缴印花税的状况。

我曾经在深圳碰到过这样一家企业。该企业的会计就不知道要缴纳实收资本印花税,导致企业成立了3年都没有缴纳过实收资本印花税。3年后,税务稽查查这家企业的账,查出他们印花税漏缴了。这家企业原本实收资金是100万元,如果及时交印花税,按实收资本的万分之五计算,只要缴纳500元钱就够了。但税务稽查时,这家企业已经成立了3年,这样,这家企业不仅要补交这笔印花税,还要接受税务处罚。最后连滞纳金罚款,一共交了三四千元钱。

企业有投资进来,账面清楚记载了实收资本是多少,这是不可能随意改掉的,这个事实也没有办法掩盖,这么明显的、必须缴纳的税种,我想没有哪个老板会想着要逃掉吧。唯一的可能就是,他不知道要去缴印花税,而财务人员也不知道,就使得企业漏缴了税款。

所以说,像这家企业一样,因为漏缴了500元钱而最后变成罚款几千元,就非常不值得了。企业也没必要在这个税额原本不高的税种上,产生额外的税收压力和负担。

我在这里特别提醒大家,印花税一定要去缴,而且是企业的投资款一到账,就要马上就缴。交完后,不管你的企业经营多久,都不用再缴纳了。除非企业后续增加投资资金,在这种情况下,要根据增加的部分再次及时缴纳印花税。

实收资本和注册资本的区别:

注册资本是企业期望投资的资本，但不一定实际投资到位了，而实收资本是企业真实投资到位的资本。

> 实收资本和注册资本的区别：
> 注册资本是企业期望投资的资本，但不一定实际投资到位了，而实收资本是企业真实投资到位的资本。

（二）账本印花税

印花税中，除实收资本要缴纳印花税外，还包括企业建立账本所需要的贴花。这里所讲的账本贴花就是指企业每年新建的账本，每本账要交5元钱的印花税。这么多年我接触了不少企业，有些企业是不知道要缴纳账本贴花的印花税，还有些企业是不记得。这种情况下，如果税务稽查查到的话，也是一定会进行罚款的。

这里我建议企业应该尽快把每年新建账本的印花税票买好。就拿一个小企业来说，一般至少会有四本账：一个总账，一个明细账，一个现金日记账，一个银行日记账。企业至少要把这四本账的印花税票先买好。

有的企业经营者跟我说："我的企业是用财务软件做账的，所有账都记在财务软件里面。"没错，现在随着会计电算化的发展，企业都开始用财务软件记账。但是企业每一年的账都要打印出来，按照年度分别装订成册，然后，每一本装订好的账本也要贴上5元钱的印花税票。

以上讲述的两个方面业务所涉及的印花税，都是必须引起企业财务人员的重视和注意的。作为财务人员，一定要帮企业把这两种税缴上。千万不要因为省这点小钱，最后导致企业缴纳额外的罚款。那样是最得不偿失的。

（三）合同印花税

还有什么情况下是要去缴纳印花税的呢？除以上两种情况外，

还有一种情况，就是在签订合同的时候需要缴纳印花税。

印花税征税的经济合同主要包括：购销合同、加工承揽合同、建设工程勘察设计合同、建筑安装工程承包合同、财产租赁合同、货物运输合同、仓储保管合同、借款合同、财产保险合同、技术合同等十大类。

在日常企业经营中所签的合同只要涉及经济合同的，都需要缴纳印花税。而且这个印花税是签订合同的双方都要缴纳的，不能只一方缴了，另一方不缴。比如企业涉及的销售合同的印花税，如果我们作为销售方要去缴纳印花税，那么作为购买方的企业同样需要去缴纳。很多人认为，印花税只需要一方去缴纳，而另一方不用缴纳，这是错误的。

再次强调，印花税征税的经济合同所涉及的税费是双方都得缴的，具体税费是根据合同金额乘以税率算出来的。

尽管不同合同的税率有所差异，但大部分都是在万分之几左右。它们产生的费用虽然不多，但是作为企业的财务人员，千万不能忘记了。

> 再次强调，印花税征税的经济合同所涉及的税费是双方都得缴的，具体税费是根据合同金额乘以税率算出来的。

这些合同在公司都是有存档的，作为企业的财务人员，该缴纳印花税时一定要及时缴纳。如果签了合同之后，一方说自己的企业没有签这份合同，而拒绝交税或者故意逃税，但签订合同的另一方缴纳了印花税，税务一旦查起来，就肯定说不过去了。特别是销售合同，比如说销售方已经把合同该缴纳的印花税缴了，发票也开过了，这时购买方说自己没有签订这份合同，显然是行不通的。

综上所述，企业涉及印花税一般会有三种情况：第一种是企业拿到执照时，第二种是买账本时，第三种是签订各种合同时。其中特别要引起注意的是营业执照的印花税。很多中小企业老板都是第一次开公司，可能对税务方面不了解，希望企业老板们通过对这本书的学习，能记住这几种印花税，然后及时检查督促财务人员完成税款的缴纳工作。

下面是所有经济合同所涉及的印花税税率的列表，供大家参考。

印花税的税目与税率

应税凭证类别	税目	范围	税率	纳税人
合同或具有合同性质的凭证	1.购销合同	包括供应、预购、采购、购销结合及协作、调剂、补偿、易货等合同	按购销金额0.3‰贴花	立合同人
	2.加工承揽合同	包括加工、定做、修缮、修理、印刷、广告、测绘、测试等合同	按加工或承揽收入0.5‰贴花	
	3.建设工程勘察设计合同	包括勘察、设计合同	按收取费用0.5‰贴花	
	4.建筑安装工程承包合同	包括建筑、安装工程承包合同	按承包金额0.3‰贴花	
	5.财产租赁合同	包括租赁房屋、船舶、飞机、机动车辆、机械、器具、设备等合同	按租赁金额1‰贴花。税额不足1元按1元贴花	
	6.货物运输合同	包括民用航空运输、铁路运输、海上运输、内河运输、公路运输和联运合同	按运输费用0.5‰贴花	
	7.仓储保管合同	包括仓储、保管合同	按仓储保管费用1‰贴花	
	8.借款合同	银行及其他金融组织和借款人（包括融资租赁合同但不包括银行间同业拆借）所签订的借款合同	按借款金额0.05‰贴花	
	9.财产保险合同	包括财产、责任、保证、信用等保险合同	按收取的保险费收入1‰贴花	
	10.技术合同	包括技术开发、转让、咨询、服务等合同	按所记载金额0.3‰贴花	

(续表)

应税凭证类别	税目	范围	税率	纳税人
书据	11.产权转移书据	包括财产所有权和版权、商标专用权、专利权、专有技术使用权共5项产权转移书据、土地使用权出让/转让合同、商品房销售合同（包括股份制企业向社会公开发行的股票，因购买、继承、赠予所书立的产权转移书据）	按所记载金额0.5‰贴花	立据人
账簿	12.营业账簿	纳入会计核算的生产、经营用账簿	记载资金的账簿按实收资本和资本公积的合计金额0.5‰贴花。	立账簿人
证照	13.权利、许可证照	包括政府部门发给的房屋产权证、工商营业执照、商标注册证、专利证、土地使用证	按件贴花5元	领受人

（资料来源：某税务局网站）

二、关于房产税

房产税也是当前很多企业会涉及但容易忽视的一个税种，其中最容易遗漏的是企业用来生产经营的房屋需要缴纳的房产税。房产税的征税对象是房产，主要针对拥有和使用房产的企业、单位及出租自有房产或将自有房产用于营业的个人。房产税按年征收，具体税期由属地管辖的税务局核定。

现在很多企业的办公楼是企业的老板或者股东们出资购买的。这些房产在一般情况下，都是企业老板或股东们无偿提供给企业使用的。但是在税法里有关此种情况有明确的规定："针对拥有和使用房产的企业、单位及出租自有房产或将自有房产用于营业的个人，都应该依法缴纳房产税。"

这种情况的房产税，其所交的税率一般是由房产所在地的政府根据当地的情况，按原值进行不同程度的比例扣除（10%～30%），再乘以1.2%的税率来缴纳。虽然现在各地房价都在不断地上涨，但房产原值只体现在房产证上，不做房产交易的话是没办法改变房产原值的。

房产原值，包括与房屋不可分割的各种附属设备或一般不单独计算价值的配套设施，主要有暖气、卫生、通风等。纳税人对原有房屋进行改建、扩建的，要相应增加房屋的原值。

> 房产原值，包括与房屋不可分割的各种附属设备或一般不单独计算价值的配套设施，主要有暖气、卫生、通风等。纳税人对原有房屋进行改建、扩建的，要相应增加房屋的原值。

如果企业在进行工商税务注册的时候就已经说明，这个房产是无偿提供给企业用于办公的，企业就必然会涉及房产税。如果没有及时交房产税而被税务部门查到，到那时再说房产只是用来住宿的，是说不过去的。因为该房产在工商局注册登记和办理税务登记证的时候都有备案。

所以，在决策自己的房子是用来做办公场地，还是用于自己投资或居住时，一定要把税收问题考虑进去。我们很多中小企业的老板因为不知道房子用于办公时会涉及房产税，在决策的时候没有考虑到这一点，到后来就会发现要花钱的地方又多出了一块。

特别是对于一些房产面积大、房产原值很高，但实际上企业还处于创业期的状况，一定不要忽略房产税。本来企业并不需要那么大的办公场地，但有些企业老板认为，反正企业办公不用去租其他地方了，还可以省点儿租金，减少点儿办公费用，但他们却不知道，这样做其实面临着要缴纳更多房产税的情况。

所以，有一些涉及税务的决策行为，完全可以在公司注册前就考虑清楚。特别是对于初创期的企业，一些不需要产生的税务风险，完全可以避免过去。企业老板在成立企业之前，一定要熟悉税收知识之后再作决策，可以避免的税务风险就不要轻易去触及。因为一旦触及，很多时候都难以改变。很多问题都不是我们在账本上能够解决的，必须在企业经营行为中进行规避。

我曾经接触过这样一家企业，该企业老板与我相识多年，知道我做了很长时间的财税管理工作。我们偶尔聊天的时候，我就跟他说，如果要注册公司，一定要在注册之前找我咨询一些涉及的税务问题。于是他在注册新公司的时候，就来问我注册公司要注意哪些事情，还特别咨询了税务方面的问题。他当时提出来，准备拿自己的房子来注册，我马上告诉他，用自己的房子来注册，一定要注意会产生房产税的问题。

当时我让他衡量衡量，这个房子产生的房产税他有没有能力承受，是租股东的房子、缴因租赁收入而产生的各种税收划算，还是直接用自己的房子缴纳房产税划算。他衡量了一下，最后采用了租赁的形式，而不是拿自己的房子来做办公场地。就在他注册公司大概一年的时候，税务局来查他的账，查办公的场地是否涉及房产税。税务人员让他提供租赁合同，非常庆幸的是，他在注册的时候这些手续都准备得很齐全，所以在房产税缴纳这一块，他的公司没有遇到任何问题。

对于中小企业老板来讲，如果在企业注册之前就了解一些涉税问题的话，对企业接下来的经营将会有很大的帮助，同时也会避免很多税务的相关风险和减轻一些税收方面的压力。

有很多会计或者老板在经营企业之前从没有接触过财税，所以他们都不知道，究竟企业的哪些经营行为会触及税务问题。

所以，我在这里一再提醒，一再强调：印花税和房产税这两个税种只要发生了、触及了，就一定要去缴纳；如果没有触及这个行为，就不用按月申报，零申报也不需要。简单来说，就是有税你就去缴纳，没有税你可以不用管它，也不用申报。

> 印花税和房产税这两个税种只要发生了、触及了，就一定要去缴纳；如果没有触及这个行为，就不用按月申报，零申报也不需要。简单来说，就是有税你就去缴纳，没有税你可以不用管它，也不用申报。

但是，我们后面要讲的很多税种，不管企业是否发生经营或者产生业务，都必须去申报。

另外，按照税法规定，下列房产可以免征房产税：

1.行政单位、军事单位和社会团体自用的房产（军队出租的空余房产可以暂免征收房产税）。

2.由国家财政部门拨付事业经费的单位自用的房产。

3.企业所办的学校、托儿所和幼儿园自用的房产。

4.非营利性医疗机构、疾病控制机构和妇幼保健机构等医疗、卫生机构自用的房产。

5.非营利性科研机构自用的房产。

6.符合规定的科学研究机构转为企业和进入企业，可以从转制注册之日起，7年以内免征科研开发自用房产的房产税。

7.宗教寺庙、公园和名胜古迹自用的房产。

8.个人所有非营业用的房产（国务院批准的征税试点城市

除外）。

9.经过有关部门鉴定停止使用的毁损房屋和危险房屋。

10.行政单位、企业、事业单位、社会团体和个人投资兴办的福利性、非营利性老年服务机构自用的房产。

11.公益性未成年人校外活动场所自用的房产。

12.铁道部所属的铁路运输企业自用的房产。

13.在基建工地建造的为工地服务的各种临时性住房，在施工期间可以免征房产税。

14.房屋大修停用半年以上的，在大修期间可以免征房产税。

15.廉租住房经营管理单位按照政府规定价格向规定对象出租廉租住房的收入，可以免征房产税；按照政府规定价格出租的公有住房和廉租住房的收入，军队出租空余房产的收入，铁路运输企业经国务院批准进行股份制改革成立的企业和由铁道部及其所属铁路运输企业与地方政府、企业、其他投资者共同出资成立的合资铁路运输企业自用的房产，可以暂免征收房产税；自2010年9月27日起3年以内，公共租赁住房的租金可以免征房产税；企业、事业单位、社会团体和其他组织按照市场价格向个人出租用于住房的收入，个人出租住房的收入，可以减按4%的税率征收房产税。

16.经过财政部批准可以免征房产税的其他房产。

三、关于营业税

2017年10月30日，国务院第191次常务会议通过了《国务院关于废止〈中华人民共和国营业税暂行条例〉和修改〈中华人民共和国增值税暂行条例〉的决定》，据此，营业税彻底告别历史舞台。

在全面实行营业税改征增值税（下面简称"营改增"）后，根据相关规定，原来印花税记录的科目就由"营业税金及附加"科目调整为"税金及附加"科目，该科目中主要包括有核算企业经营活动发生的消费税、城市维护建设税、资源税、教育费附加及房产税、土地使用税、车船使用税、印花税等相关税费；另外，利润表中的"营业税金及附加"项目也相应地调整为"税金及附加"项目。

根据国务院法制办、财政部和国家税务总局负责人的介绍，"全面推开营改增试点后，原来实行营业税的服务业领域已统一征收增值税，实质上全面取消了实施60多年的营业税，营业税暂行条例实际已停止执行。为依法确定和巩固营改增试点成果，进一步稳定各方面预期，国务院决定废止营业税暂行条例，同时对增值税暂行条例作相应修改。"

这表明，在经过漫长的营改增试点后，营业税在2017年年底正式被废除。但它留下的问题依然会存在一段时间。这主要涉及三个方面的内容：

第一，从营业税的后续管理来看，按照税法"实体从旧"的法律适用原则，营改增之前发生的应税劳务、转让无形资产和销售不动产等行为仍应属营业税的征收范围，企业需要依法履行相应的营业税纳税义务；对于在营改增前已发生但未依法履行纳税义务的相关经济活动，在法定追溯期和追征期内仍负有监管职责。

第二，从发票使用方面来看，根据税务总局在2017年上半年制定的《国家税务总局关于进一步明确营改增有关征管问题的公告》，纳税人2016年5月1日前发生的营业税涉税业务，需要补开发票的，可于2017年12月31日前开具增值税普通发票（税务总局另有规定的除外）。

第三，从税务稽查来看，对企业以前各年度营业税完税情况的风险排查和日常检查工作至少可延续五年时间，如企业涉及偷逃抗骗等违法行为的话，则可无限期追征。此外，营业税退税等相关业务，在营改增后的一段时间内将仍按照营业税相关要求办理。

所以，企业虽然以后不用再缴纳营业税，但之前如果有涉及营业税的业务，就一定要多关注这方面的政策和条例的发布，及时跟上国家营改增的战略步伐。

四、关于城市维护建设税与教育费附加、地方教育附加

当企业发生了增值税、消费税这两项税时，就会涉及城市维护建设税和教育费附加的征收。记住，只要企业涉及或者会发生这两项税，就必须申报城市维护建设税和教育费附加。

以前，该税种在每个城市都会有不同的调控，在税率上，城市之间是存在差异的。但从目前来讲，这两个税种的税率在全国变得越来越一致，之前税率上存在的差异变得越来越小了。

以增值税、消费税两项税的已缴税额之和为基数，乘以7%就是城市维护建设税税额，乘以3%就是教育费附加税额。

我们现在讨论的城市维护建设税和教育费附加，同样需要按月申报及按月缴纳。按月申报当然就是每个月都要申报，如果两项税的征收总和是零，即两项税的内容一直也没有发生的话，企业就要进行零申报。

千万不要以为没有发生就不用申报，不申报就会面临罚款，所以必须记得要零申报。

> 千万不要以为没有发生就不用申报，不申报就会面临罚款，所以必须记得要零申报。

另外还有一项,就是最近两年新增加的地方教育附加。

为贯彻落实《国家中长期教育改革和发展规划纲要（2010—2020 年）》,财政部下发了《关于统一地方教育附加政策有关问题的通知》(财综〔2010〕98 号)。该通知要求,各地统一征收地方教育附加,地方教育附加征收标准为单位和个人实际缴纳的增值税、营业税和消费税税额的 2%。已经报财政部审批且征收标准低于 2% 的省份,应将地方教育附加的征收标准调整为 2%。具体的开征时间由各省自己制定方案后于 2010 年 12 月 31 日前报财政部审批。文件下发后,全国已经有 20 多个省(自治区、直辖市)开征了地方教育附加。

在营改增后,其计算公式也发生了变化,为：

地方教育附加 =（增值税 + 消费税）× 2%

优惠：教育费附加、地方教育附加,月收入 10 万以内的企业免征。

需要注意的是,在营改增后,根据财政部国家税务总局发布的《关于纳税人异地预缴增值税有关城市维护建设税和教育费附加政策问题的通知》(财税〔2016〕74 号),原营业税的部分并入增值税,具体内容如下：

关于纳税人异地预缴增值税有关城市维护建设税和教育费附加政策问题的通知

（财税〔2016〕74 号）

各省、自治区、直辖市、计划单列市财政厅（局）、国家税务局、地方税务局,新疆生产建设兵团财务局：

根据全面推开"营改增"试点后增值税政策调整情况,现就纳税人异地预缴增值税涉及的城市维护建设税和教育费附加政策执行问题通知如下：

一、纳税人跨地区提供建筑服务、销售和出租不动产的，应在建筑服务发生地、不动产所在地预缴增值税时，以预缴增值税税额为计税依据，并按预缴增值税所在地的城市维护建设税适用税率和教育费附加征收率就地计算缴纳城市维护建设税和教育费附加。

二、预缴增值税的纳税人在其机构所在地申报缴纳增值税时，以其实际缴纳的增值税税额为计税依据，并按机构所在地的城市维护建设税适用税率和教育费附加征收率就地计算缴纳城市维护建设税和教育费附加。

三、本通知自2016年5月1日起执行。

财政部国家税务总局

2016年7月12日

五、关于防洪堤围费（很多地方取消征收）

防洪堤围费的申报在每个省、市都有差异，以广州市为例，广州的防洪堤围费是每半年申报一次，税额的计算方法是企业所有的经营收入乘以规定的税率。但是深圳的情况就跟广州不同，深圳需要按月申报。而且，不同城市的申报时间会有差异。

防洪堤围费在所有的行业中都会产生。在缴纳增值税的时候，我们要核算其收入，而在缴纳防洪堤围费时，我们要把涉及增值税的收入全部加在一起，再乘以规定的税率。这个税率在每个城市也有差别，并非统一标准。

如果你之前在北京做会计，现在要到广州去做会计，你就把广州关于防洪堤围费的征收税率调出来查一查，各税务局的网站上都有相关的资料。

不管是初创企业的经营者也好,新入门的会计也好,其实关于这些税收政策,我建议大家最好在第一时间去企业注册所在地的税务局了解一下。现在税务部门都有专门对口负责企业的税收专管员,我们可以根据企业的具体情况向税收专管员进行详细咨询。而且,现在很多城市都实行了网络报税。进入地方税务部门的网站后,会显示一个申报大厅,你只需输入纳税编码便可以进行具体操作。网上有核定程度,它会提示你需要缴纳哪些税种。

所以说,其实企业有很多渠道可以查询相关的税收政策。你的企业涉税范围有哪些、具体该如何申报,税务局都有全程的提醒和告示。只要你找到正确的方法,就不用再道听途说,否则反而会耽误很多事情。

有些人听深圳的朋友说到深圳是怎么交税的,可是到广州后发现广州的情况跟深圳不一样。如果不加调查直接沿用以前的工作方法,就会造成错误。比如说,广州一家属于天河区的企业,就应该去天河区的税务部门,直接找税务专管员做一下沟通了解。税务局有咨询台,我们也可以拿着税务登记证去咨询台详细地咨询一下。

我遇到很多财税学习班的学员都跟我反映,说税务人员的服务态度不够好、没有耐心,不能跟前去咨询的人很好地进行沟通。其实,我觉得这是一个互动的过程,需要彼此之间的理解,不能只要求对方态度好,我们去纳税的时候也应该客客气气的,不要带着抵触情绪去面对税务人员。我们不妨换位思考一下,税务人员每天要面对无数纳税人,要周而复始地面对同样的工作,有时候有点儿不耐烦的情绪也是人之常情。试着理解一下他们,咨询的时候客气一点儿，对他们说："不好意思打搅一下，您能不能告诉我……"假如真遇上情绪不佳、态度不太好的税务人员，可以换一个窗口或者换一个咨询处问一问，相信都可以得到你所需要的信息。

我在与税务人员打交道时，就是用这种方式跟他们沟通的，而且大多很顺利，所以我不认为税务人员是多么难以沟通的群体。我接触过很多税务人员，我觉得现在的税务人员，服务态度都越来越好了。

六、关于文化事业建设费

企业是否需要申报或者缴纳文化事业建设费，关键还是要看企业的经营范围，只要企业的经营范围里涉及娱乐和广告这两个方面，就需要申报文化事业建设费。这项费用是按月申报的，如果企业在娱乐业和广告业获得了收入，那么将此收入乘以3%的税率就是我们需要缴纳的文化事业建设费。

根据税法的规定，文化事业建设费按缴费人应当缴纳的娱乐业、广告业营业税的营业额和规定的费率计算应缴费额。

娱乐业是指为娱乐活动提供场所和服务的业务，包括经营歌厅、舞厅、卡拉OK歌舞厅、音乐茶座、台球、高尔夫球、保龄球、网吧、游艺场等娱乐场所，以及上述娱乐场所为顾客进行娱乐活动提供的饮食服务和其他各种服务的业务。

广告业是指利用图书、报纸、杂志、广播、电视、电影、幻灯、路牌、招贴、灯箱、橱窗、霓虹灯等形式为介绍商品经营服务项目、文体节目或通告、声明等事项进行宣传和提供相关服务的业务。

文化事业建设费的计算公式为：

应缴费额＝计费销售额 ×3%

强调一下，文化事业建设费是在娱乐和广告上取得的收入（含税价款）乘以 3% 的税率。广告服务计费销售额，为缴纳人提供广告服务取得的全部含税价款和价外费用，减除支付给其他广告公司或广告发布者的含税广告发布费后的余额；娱乐服务业的计费销售额，为缴纳人提供娱乐服务所得的全部含税价款和价外费用。这里的含税价款是指含增值税价款在内的销售额，和《财政部、国家税务总局关于营业税改征增值税试点中文化事业建设费征收有关问题的通知》（财综〔2012〕68 号）中的"销售额"意义不同，需要大家注意。

大家去卡拉 OK、舞厅、音乐茶座时会发现那些地方的收费都比较高，有时人们会抱怨为什么娱乐场所会收那么多钱，原因就是它们要交的税多。我个人的理解是这样，国家规定征收文化事业建设费时已经考虑到，娱乐消费是在满足了日常生活消费之后额外的消费，既然有额外消费的能力，就应该为国家税收多做一点儿贡献，所以娱乐业多征税也是有道理的。另外，广告业的税定这么高的原因在于，一家企业能拿出那么多钱出来做广告，说明你生意做得好，那赚钱的同时就多缴点儿税给国家吧。

所以，这两个行业会有 3% 的文化事业建设费，也是根据企业的效益和从业人员的收入等各方面来衡量的。

这里要补充说明一下，文化事业建设费改征后，其免征规定也随增值税而相应变化，应该引起相关从业人员的关注。

财政部、国家税务局有关营改增后文化事业建设费的具体通知内容如下：

关于营业税改征增值税试点有关文化事业建设费政策及征收管理问题的通知

财税〔2016〕25号

各省、自治区、直辖市、计划单列市财政厅（局）、国家税务局、地方税务局：

为促进文化事业发展，现就营业税改征增值税（以下简称营改增）试点中文化事业建设费政策及征收管理有关问题通知如下：

一、在中华人民共和国境内提供广告服务的广告媒介单位和户外广告经营单位，应按照本通知规定缴纳文化事业建设费。

二、中华人民共和国境外的广告媒介单位和户外广告经营单位在境内提供广告服务，在境内未设有经营机构的，以广告服务接受方为文化事业建设费的扣缴义务人。

三、缴纳文化事业建设费的单位（以下简称缴纳义务人）应按照提供广告服务取得的计费销售额和3%的费率计算应缴费额，计算公式如下：

应缴费额＝计费销售额 ×3%

计费销售额，为缴纳义务人提供广告服务取得的全部含税价款和价外费用，减除支付给其他广告公司或广告发布者的含税广告发布费后的余额。

缴纳义务人减除价款的，应当取得增值税专用发票或国家税务总局规定的其他合法有效凭证，否则，不得减除。

四、按规定扣缴文化事业建设费的，扣缴义务人应按下列公式计算应扣缴费额：

应扣缴费额＝支付的广告服务含税价款 × 费率

五、文化事业建设费的缴纳义务发生时间和缴纳地点，与缴纳义务人的增值税纳税义务发生时间和纳税地点相同。

文化事业建设费的扣缴义务发生时间，为缴纳义务人的增值税纳税义务发生时间。

文化事业建设费的扣缴义务人应当向其机构所在地或者居住地主管税务机关申报缴纳其扣缴的文化事业建设费。

六、文化事业建设费的缴纳期限与缴纳义务人的增值税纳税期限相同。

文化事业建设费扣缴义务人解缴税款的期限，应按照前款规定执行。

七、增值税小规模纳税人中月销售额不超过2万元（按季纳税6万元）的企业和非企业性单位提供的应税服务，免征文化事业建设费。

自2015年1月1日起至2017年12月31日，对按月纳税的月销售额不超过3万元（含3万元），以及按季纳税的季度销售额不超过9万元（含9万元）的缴纳义务人，免征文化事业建设费。

八、营改增后的文化事业建设费，由国家税务局征收。

九、营改增试点中文化事业建设费的预算科目、预算级次和缴库办法等，参照《财政部关于开征文化事业建设费有关预算管理问题的通知》（财预字〔1996〕469号）的规定执行，具体如下：

中央所属企事业单位缴纳的文化事业建设费，中央所属企事业单位组成的联营企业、股份制企业缴纳的文化事业建设费，中央所属企事业单位与集体企业、私营企业组成的联营企业、股份制企业缴纳的文化事业建设费，中央所属企事业单位与港、澳、台商组成的合资经营企业（港或澳、台资）、合作经营企业（港或澳、台资）缴纳的文化事业建设费，中央所属企事业单位与外商组成的中外合资经营企业、中外合作经营企业缴纳的文化事业建设费，全部作为中央预算收入，由税务机关开具税收缴款书，以"1030217文化事业建设费收入"项级科目就地缴入中央国库。

地方所属企事业单位、集体企业、私营企业、港澳台商独资经营企业、外商独资企业缴纳的文化事业建设费，地方所属企事业单位、集体企业、私营企业组成的联营企业、股份制企业缴纳的文化事业建设费，地方所属企事业单位、集体企业、私营企业与港、澳、台商组成的合资经营企业（港或澳、台资）、合作经营企业（港或澳、台资）缴纳的文化事业建设费，地方所属企事业单位、集体企业、私营企业与外商组成的中外合资经营企业、中外合作经营企业缴纳的文化事业建设费，全部作为地方预算收入，由税务机关开具税收缴款书，以"1030217文化事业建设费收入"项级科目，按各地方规定的缴库级次就地缴入地方国库。

中央所属企事业单位与地方所属企事业单位组成的联营企业、股份制企业缴纳的文化事业建设费，中央所属企事业单位与地方所属企事业单位联合与集体企业、私营企业、港澳台商、外商组成的联营企业、股份制企业、合资经营企业（港或澳、台资）、合作经营企业（港或澳、台资）、中外合资经营企业、中外合作经营企业缴纳的文化事业建设费，按中央、地方各自投资占中央和地方投资之和的比例，分别作为中央预算收入和地方预算收入，由税务机关开具税收缴款书就地缴入中央国库和地方规定的地方国库。

十、文化事业建设费纳入财政预算管理，用于文化事业建设。具体管理和使用办法，另行制定。

十一、本通知所称广告服务，是指《财政部国家税务总局关于全面推开营业税改征增值税试点的通知》（财税〔2016〕36号）

的《销售服务、无形资产、不动产注释》中"广告服务"范围内的服务。

十二、本通知所称广告媒介单位和户外广告经营单位，是指发布、播映、宣传、展示户外广告和其他广告的单位，以及从事广告代理服务的单位。

十三、本通知自 2016 年 5 月 1 日起执行。《关于营业税改征增值税试点有关文化事业建设费征收管理问题的通知》（财综〔2013〕88 号）同时废止。

财政部 国家税务总局

2016 年 3 月 28 日

七、关于企业所得税

所得税包括两个方面：一个是企业所得税，另一个是个人所得税。我们有很多中小企业是私营性质，就我所接触的一些私营企业的情况来看，很多人对这两个税种存在着误解。

一般来说，私营企业主拥有自己的企业，于是他们觉得既然企业的资产是属于他们自己的，那么他们自己的资产也是属于企业的，这样就把企业所得税和个人所得税混淆了。他们觉得企业所得税和个人所得税是一样的，没有区别。

其实企业所得税跟个人所得税具有不同的含义。我们必须明确地认识到：企业所得税的主体是企业，是因企业收入获得的利润而要上缴的税；个人所得税是指分配到个人头上的收入要交的所得税。哪些是个人收入？比如员工的工资所得、股东的分红等，都属于个人收入。所以，个人所得是个人作为员工或股东拿走的那部分收入，而企业所得是整个企业经营过程中产生的收入利润。这两者是有区别的。

我们先看一下企业所得税，这也是我们会计通常会重点考虑的，因为它跟我们的账务有着直接的关系。企业所得税一般是按季度缴纳，也就是每个季度报一次加上年度申报，一年共报五次。也就是说，每个季度先预缴税款，到了年终再合并汇总申报。年终的汇总申报主要是审查前面预缴的时候有没有少报或者多报，少报的就得补，多报的就可以申请退税。

所谓预缴，就是在上一个季度先核算出下一个季度该缴的金额，提前预缴上去。具体时间为每年的 4 月、7 月、10 月和次年的 1 月，在这几个月里，企业要按季度预缴所得税。那么年度合并汇总申报的时间是何时？按照目前的申报规定，假如我们要申报 2019 年全年所得税，那么，我们就要在 2020 年 5 月 31 日之前将 2019 年全年所得税汇总申报。前面的季度预缴如果缴纳少了就要补申报，多了的可以申请退税，这就是我们所讲的企业所得税的缴纳。

对小型微利企业应纳税所得额不超过 100 万元、100 万元到 300 万元的部分，分别减按 25%、50% 计入应纳税所得额，使税负降至 5% 和 10%。

企业所得税有两种申报形式：一种是查账征收，另一种是核定征收。

两种所得税申报方式的报表格式不同，一种叫 A 类申报表，一种叫 B 类申报表。如果财务人员到一家企业看到该企业是用 A 类申报表来申报企业所得税，那就是查账征收；如果看到企业是用 B 类申报表申报企业所得税，那就是核定征收。

中华人民共和国企业所得税月（季）度预缴纳税申报表（A类，2018年版）

税款所属期间： 年 月 日至 年 月 日

纳税人识别号：□□□□□□□□□□□□□□□□□□

纳税人名称： 金额单位：人民币元（列至角分）

预缴方式	□ 按照实际利润额预缴	□ 按照上一纳税年度应纳税所得额平均额预缴	□ 按照税务机关确定的其他方法预缴
企业类型	□ 一般企业	□ 跨地区经营汇总纳税企业总机构	□ 跨地区经营汇总纳税企业分支机构

预缴税款计算

行次	项　目	本年累计金额
1	营业收入	
2	营业成本	
3	利润总额	
4	加：特定业务计算的应纳税所得额	
5	减：不征税收入	
6	减：免税收入、减征收入、所得减免等优惠金额（填写A2010）	
7	减：固定资产加速折旧（扣除）调减额（填写A201020）	
8	减：弥补以前年度亏损	
9	实际利润额（3+4-5-6-7-8）/按照上一纳税年度应纳税所得额平均额确定的应纳税所得额	
10	税率(25%)	
11	应纳所得税额（9×10）	
12	减：减免所得税额（填写A201030）	
13	减：实际已缴纳所得税额	
14	减：特定业务预缴（征）所得税额	
15	本期应补（退）所得税额（11-12-13-14）/税务机关确定的本期应纳所得税额	

汇总纳税企业总分机构税款计算

16	总机构填报	总机构本期分摊应补（退）所得税额（17+18+19）	

（续表）

17	总机构填报	其中：总机构分摊应补（退）所得税额（15×总机构分摊比例 __%）	
18		财政集中分配应补（退）所得税额（15×财政集中分配比例 __%）	
19		总机构具有主体生产经营职能的部门分摊所得税额（15×全部分支机构分摊比例 __%×总机构具有主体生产经营职能部门分摊比例 __%）	
20	分支机构填报	分支机构本期分摊比例	
21		分支机构本期分摊应补（退）所得税额	

附报信息			
小型微利企业	□是 □否	科技型中小企业	□是 □否
高新技术企业	□是 □否	技术入股递延纳税事项	□是 □否
期末从业人数			
谨声明：此纳税申报表是根据《中华人民共和国企业所得税法》《中华人民共和国企业所得税法实施条例》以及有关税收政策和国家统一会计制度的规定填报的，是真实的、可靠的、完整的。 　　　　　　　　　　　　法定代表人（签章）：　　　年　月　日			
纳税人公章： 会计主管： 填表日期：　年 月 日	代理申报中介机公章： 经办人： 经办人执业证件号码： 代理申报日期：　年 月 日	主管税务机关受理用章： 受理人： 受理日期：　年 月 日	

国家税务总局监制

中华人民共和国企业所得税月（季）度预缴和年度纳税申报表（B类，2018年版）

税款所属期间：　　年　月　日至　　年　月　日

纳税人识别号（统一社会信用代码）：□□□□□□□□□□□□□□□□□□

纳税人名称：　　　　　　　　　　金额单位：人民币元（列至角分）

核定征收方式	☐ 核定应税所得率（能核算收入总额的） ☐ 核定应税所得率（能核算成本费用总额的） ☐ 核定应纳所得税额	
行次	项　目	本年累计金额
1	收入总额	
2	减：不征税收入	
3	减：免税收入（4+5+8+9）	
4	国债利息收入免征企业所得税	
5	符合条件的居民企业之间的股息、红利等权益性投资收益免征企业所得税	
6	其中：通过沪港通投资且连续持有H股满12个月取得的股息红利所得免征企业所得税	
7	通过深港通投资且连续持有H股满12个月取得的股息红利所得免征企业所得税	
8	投资者从证券投资基金分配中取得的收入免征企业所得税	
9	取得的地方政府债券利息收入免征企业所得税	
10	应税收入额（1-2-3）/成本费用总额	
11	税务机关核定的应税所得率（%）	
12	应纳税所得额（第10×11行）/[第10行÷（1-第11行）×第11行]	
13	税率（25%）	
14	应纳所得税额（12×13）	
15	减：符合条件的小型微利企业减免企业所得税	
16	减：实际已缴纳所得税额	
17	本期应补（退）所得税额（14-15-16）/税务机关核定本期应纳所得税额	
月（季）度申报填报	小型微利企业　☐ 是　☐ 否　期末从业人数	

（续表）

年度申报填报	所属行业明细代码		国家限制或禁止行业	□是 □否
	从业人数		资产总额（万元）	
谨声明：此纳税申报表是根据《中华人民共和国企业所得税法》《中华人民共和国企业所得税法实施条例》以及有关税收政策和国家统一会计制度的规定填报的，是真实的、可靠的、完整的。 　　　　　　　　　　　　法定代表人（签章）：　　　年　月　日			
纳税人公章： 会计主管：	代理申报中介机构公章： 经办人： 经办人执业证件号码：		主管税务机关受理专用章： 受理人：	
填表日期：　年　月　日	代理申报日期：　年　月　日		受理日期：　年　月　日	

国家税务总局监制

每个季度一到预缴所得税的时候，向我咨询如何填报企业所得税申报表的人就很多。咨询者最困惑的通常是 A 类申报表。A 类申报表要填三个数据，这三个数据分别是营业收入、营业成本和实际利润。我们在网上申报的时候，只要填上了营业收入和营业成本，实际利润就会自动显示出来（电脑会自动计算，用营业收入减去营业成本得出计算结果）。这时很多人就很困惑，因为企业还会有一部分费用要发生，而在这个申报表上却没有可以填写那些费用的地方。这就产生了一个问题，在填写这份表的时候有很多企业实际上是亏损的，但电脑在没有核算费用的情况下，就会显示该企业有盈利，这样就会导致企业要缴纳企业所得税。

其实，只要仔细看一下就会发现，这个表自动计算的那一项名为实际利润。我们知道，营业收入减去营业成本得到的应该是营业利润，但是表上写的却是实际利润。这就是关键所在。

虽然实际利润这一项是根据营业收入和营业成本自动计算出来的,但是这个数据是允许我们修改的,我们可以按照我们报表的实际利润来填写。也就是说,在实际利润这一项,你并不一定要采用表格自动计算出来的数据,而是可以填写企业真正损益表核算出来的实际利润情况。

因为对这个申报表感到困扰的人很多,所以在这里我做了非常详细的讲解。看完讲解,大家对此类申报表到底应该怎么填写就会比较清晰了。我们要根据企业的实际业务情况填写,实际怎么发生的就怎么填。这也是查账征收企业目前申报企业所得税容易困惑的地方。

下面我们具体来看看企业所得税两种征收方式要注意理解的环节。

(一)核定征收

我们先看一下 B 类申报表,也就是核定征收企业所得税所要填的申报表。核定征收目前依据的计算基数有两种:一种是根据收入,一种是根据成本费用。各自乘以税务机关核定的所得率,再乘以统一标准为 25% 的所得税率。

所以,大家一定要注意,核定征收有两种形式。比如说广州和深圳这两个城市:在广州是按照收入来核定的,用收入乘以税务机关核定所得率再乘以所得税率 25%,也就是说,企业只要产生了收入,就要缴纳企业所得税;但是对于深圳的一部分企业,税务局则是按成本费用核定的。在成本费用的基础上,乘以核定的所得率,再乘以所得税率 25%,按这个数字来缴纳企业所得税。有些企业老板就很困惑:"为什么我没有赚钱,只发生了费用成本,还得缴纳企业所得税?"他们特别想不通这个问题,认为只有赚了钱、有了收入才需要缴纳所得税。为什么成本费用还要缴纳所得税?因为税务局考虑的出发点是，如果企业没有收入产生，那怎么会月月都支出这么多成本、费用呢？所以它从成本费用来考核企业的收入，这是用反推的方法来估算企业的收入。

我希望大家能够理解这种征收方式，它意在杜绝恶意的偷税漏税行为。税务部门的思路和想法很明确，那就是，既然企业能够持续支出这么多成本费用，那就一定会产生相应的收入。

我还要指出的是，有些企业的老板和会计人员认为，企业所得税是按照收入来计算和征收的，所以企业有收入就全部做入账中，至于企业发生的费用成本，做不做都不太上心。会计人员会以为反正自己是私营企业，花出去的钱只要老板自己不计较就行，至于要不要记在账上，不用那么在意。结果是该发生的、不该发生的，都随便做做账，采取一种应付的态度。

针对这个问题，我在这里建议大家还是得认真一点儿。我们不妨看一看核定征收的所得率，它并不是一个固定不变的数，税务机关经常会做出调整，而不像所得税率固定为25%。不同的行业，所得率是可以在一定范围内调整的。比如说饮食行业所得率在8%~25%，税务人员可以根据企业的业务情况，每年进行核定调整。大家可以看到，所得率的上限和下限之间是有很大差异的。税务人员核定的时候，会在同行业根据企业规模和企业外部环境的比较衡量来核定，同时还要参考企业交上去的财务报表，根据财务报表所反映出的各项数据做一个合理的判断，然后综合所有资料给企业确立一个所得率。因此，报表数据对企业的企业所得税的申报是非常重要的，报表数据是税务人员对企业所得税进行核定的一个重要依据。

我接触过这样一家企业，刚开始税务局给这家企业核定的所得率是7%，结果第二年就调整到15%。一下子增长这么多，企业老板很难接受，就前来跟我诉苦，说企业不赚钱，现在的生意越来越难做，利润越来越少，这样的调增让企业有点儿承受不起。他问我怎么才能让税务局知道企业现在的实际情况，希望有办法说服税务局将企业的所得税率降下来。于是，我就让该企业把上一年度的利润表拿给我看一下。我看了这家企业上年度报给税务局的利润表后，终于明白为什么所得税率会一下子被调增那么多了。因为从这家企业的利润表来看，企业利润已经达到了20%。自己说没赚到钱，但是企业利润表上反映出企业很赚钱，税务局会相信你嘴上说的还是相信利润表？当时我就跟该企业老板说，以他们利润表反映出来的数据来看，税务局不但没给他们定高，反而还给定低了，因为赚的是20%，税务局还手下留情，只定了15%的所得税率。

这家企业为什么会出现这样的问题？老板觉得自己没赚钱，报表所反映出来的数据又有20%的利润，原因就在于：公司财务认为公司是核定征收，只要将收入及时入账，把收入的数据如实申报所得税就没什么问题了，而公司的费用成本单据都没有经过仔细核查，比如老板经手支付的费用成本很多都没有在企业账务上体现出来，这样就导致企业账面利润是虚增的。加上老板也不懂税务，认为自己的钱就是公司的钱，公司的钱也是自己的钱，只要是自己花出去的，记不记账无所谓，自己心里清楚就好了，这样就导致老板的行为和企业的财税管理脱节，更不用说去了解相应的财税知识了。当这位老板拿来他们企业的利润表给我看的时候，我给他仔细讲解了核定征收的计算依据，同时也讲解了核定所得税率的道理，听了我的讲解，这位老板才反应过来，原来这个利润表还是蛮重要的。他说平时真的没人提醒他，自己也不知道这个财务报表是怎回事，所以就没有规范好，很多支出都没有及时入账，最后导致企业报表数据和实际情况不吻合。

通过上面这个例子，我们不难看出，对于核定征收的企业，认真核算和处理好企业的账务数据是非常重要的，大家一定要引起重视。

（二）查账征收

查账征收企业所得税的核算方式也不复杂。企业的利润乘以所得税率，就是查账征收的征收金额。

具体来说，我们可以从企业的利润表（又称损益表）上查到企业的实际利润，然后用实际利润乘以25%的所得税率，得到查账征收企业每个季度要缴纳的企业所得税金额。有些查账征收的企业向我提出了它们的困惑：对于查账征收的企业，是不是在每个季度申报企业所得税的时候，税务局都要来查企业的账，这样才叫查账征收？是不是每个季度要等税务局查了企业的账之后，企业才能去申报企业所得税？其实并不是如此，查账征收只是一种征收方式的名称，并不是说税务局一定要每个季度都来企业查账。所谓查账征收、核定征收，也就是在所得税征收方式上取的两个名字，以区别申报征收的两种不同核算方式而已。

无论是查账征收企业，还是核定征收企业，每个季度申报所得税时，都无须等税务局查账，都是企业先自行申报，也就是说按季度预先缴纳，然后按年度再申报一次。请大家注意，这两种征收方式都是除季度外，年度还要再申报一次的。作为税务局来讲，企业一个年度的申报所得税结束以后，他们都会有稽查。所谓稽查，就是抽查一些企业进行账务审查，看看企业一年的申报和账务实际发生是否吻合，如果被税务局查到企业申报数据与实际业务不吻合，企业少缴纳了企业所得税，那税务局就会采取处罚措施。如果税务局查出来有问题，让企业去补交申报的所得税，就会伴随着相应的罚款和滞纳金。所以，企业要特别注意，在年度申报的时候，一定要主动申报补缴少缴的企业所得税，因为自行申报补缴的不会产生税务罚款和滞纳金，而被查出来的就会出现罚款和滞纳金了。企业一定要严格管控好，使企业的账务与实际业务相吻合，才会保证所得税的正常缴纳。

企业所得税属于大税，企业和税务机关都会比较关注，这也是会计人员处理账务时会直接影响到的一个税种，需要多加注意。

八、关于个人所得税

个人所得税是我们大家都比较关心的税种，这里我们重点看的是个人薪资所得，就是企业给员工发的工资。凡是企业员工的工资金额超过5000元的，都需要缴纳个人所得税。这里的工资金额是指所有的薪资加起来所得，也就是指个人因任职或受雇而取得的工资、薪金、奖金、年终加薪、劳动分红、津贴、补贴以及与任职或受雇有关的其他所得。换句话说，个人取得的所有收入，只要是与任职、受雇有关，不管是其单位的资金开支渠道或以现金、实物、有价证券等形式支付的，都是工资、薪金所得项目的课税对象，所有加起来超过5000元就要缴纳税款。

计算方法：

[（总工资）–（五险一金）–（免征额）]× 税率 – 速扣数 = 个人所得税

2018年12月22日，国务院关于印发个人所得税专项附加扣除暂行办法的通知发布，自2019年1月1日起施行。

个税专项附加扣除（全称：个人所得税专项附加扣除），是指个人所得税法规定的子女教育、继续教育、大病医疗、住房贷款利息、住房租金和赡养老人等六项专项附加扣除。

1. 子女教育扣除项

满3岁到小学入学前（不包括0~3岁儿童）、小学到博士（包括职专、技工）都是定额扣除1000元/月/子女。

扣除方式：父母（法定监护人）各扣除50%或者由一方全部扣除。

假如你与配偶的工资都是7000元，而你们有两个子女，那么你们两人的工资里只有2000元要交税。可选择由双方分别就各自超出的1000元进行交税或者由一方就超出的2000元进行交税。

2. 继续教育扣除项

学历（学位）继续教育：每月定额扣除400元，但同一学历（学位）继续教育的扣除期限不得超过48个月。个人接受本科及以下学历（学位），可以由接受教育的本人扣除，暂可以由其父母按照子女教育扣除，但对于同一教育事项，不得重复扣除。

技能人员职业资格继续教育或者专业技术人员职业资格继续教育：由取得证书年度定额扣除3600元。扣除方式：由本人扣除。

3. 大病医疗扣除项

基本医保相关医药费去除医保报销后的支出，个人自付超过15000元的部分限额内据实扣除，标准是每年在80000元限额内据实扣除，扣除人为本人或配偶。未成年子女该项的扣除人为父母（法定监护人）。

4. 住房贷款利息扣除项

需要首套住房贷款利息支出，而且在还款期间（不超过240个月），定额扣除每月1000元，扣除人为本人或配偶。结婚前购买可选择一方扣除或者各扣除50%。

5. 住房租金扣除项

没有自住房的纳税人发生的纳税,在直辖市、省会(首府)城市等定额扣除1500元/月。在户籍人口超过100万的城市定额扣除1100元/月。在不超过100万户籍人口的城市定额扣除800元/月。本人和配偶主要工作地在同一城市的,扣除人为本人或配偶,城市不同的分别扣除。

6. 赡养老人扣除项

有赡养义务的子女赡养60岁及以上父母或者子女均去世的祖父母、外祖父母的支出。独生子女定额扣除2000元/月(本人扣除)。非独生子女的定额扣除不超过1000元/月。扣除方式:平均分摊或约定分摊抑或者指定分摊。

根据《关于实施小微企业普惠性税收减免政策的通知》的相关规定:2019年1月1日至2021年12月31日,小规模纳税人发生增值税应税销售行为,合计月销售额未超过10万元(以1个季度为1个纳税期的,季度销售额未超过30万元,下同)的,免征增值税。

因为个人薪资所得税是由企业代扣代缴的,很多企业老板为了安抚员工的心,对员工讲,大家赚钱也不容易,企业就不给员工申报个人所得税了,这样企业账内所有反映出来的员工工资都会低于5000元。站在企业的立场看,这样处理是否真的会让企业和员工受益?

首先可以肯定地说,逃税原本就是一件税务风险很大的事情。那么,个人所得税偷逃会给企业带来什么样的损失呢?在考虑个人所得税偷逃给企业带来的税务损失之前,我建议大家再看看上面的表格。个人收入所得税的应缴税额是累进制的,所谓累进制就是指收入超过5000元以后,分别定级为超出部分的3%、10%、20%……

一直到45%。在这样一个累进制的税种里，如果能缴到个税的10%，作为私营企业的员工来说，就已经算是较高的收入了。

总之，站在企业的角度来说，个人所得税该缴还是得缴。第一，该税不是由企业承担而是由个人来承担的；第二，偷逃个人所得税会对企业所得税产生负面影响。一些企业不了解税法，协助个人逃税，结果还给企业自身造成负担，这样的做法是非常不可取的。

所以，我一直强调，作为企业的财务和老板，对税务政策的熟悉是非常重要的，否则就会做出一些得不偿失又会面临处罚的事情。而且，现在缴纳个人所得税已经十分方便了。像支付宝就为纳税人提供了便利的个人所得税缴纳服务。

我把一般中小企业涉及的8个税种分别给大家解析了一遍。我相信如果你是一个中小企业的老板，了解了这些之后，心里会踏实很多。无论你的企业请的是专职的会计做账，还是请财务代理公司记账，你至少可以做到心里有数，知道自己的企业在税务方面到底会涉及哪些税收，对自己企业税务情况能有一个比较清晰的了解。

九、关于增值税

（一）增值税的征收范围

增值税是以商品（含应税劳务）在流转过程中产生的增值额作为计税依据而征收的一种流转税，是对商品生产、流通、劳务服务中多个环节的新增价值或商品的附加值征收的一种流转税。

根据最新的《中华人民共和国增值税暂行条例》，在中华人民共和国境内销售货物或者加工、修理修配劳务（以下简称"劳务"），销售服务、无形资产、不动产以及进口货物的单位和个人，为增值税的纳税人，应当依照本条例缴纳增值税。

因此，增值税征税范围包括货物的生产、批发、零售和进口四个环节。此外，加工和修理修配也属于增值税的征税范围。营改增后，交通运输业以及部分现代服务业也开始改交增值税。其中，交通运输业涉及陆路运输、水路运输、航空运输、管道运输；现代服务业涉及研发和技术服务、信息技术服务、文化创意服务、物流辅助服务、有形动产租赁服务、鉴证咨询服务等内容。

《2021年国务院政府工作报告》中指出，将小规模纳税人增值税起征点从月销售额10万元提高到15万元。小微企业和个体工商户年应纳税所得额不到100万元的部分，在现行优惠政策基础上，再减半征收所得税。

自2021年4月1日起，对于月销售额未超过15万元或季度销售额未超过45万元的小规模纳税人免征增值税。对于需要预缴的，在月销售额没有超过15万元的情况下，也无需预缴。

由于增值税实行凭增值税专用发票抵扣税款的制度，因此对纳税人的会计核算水平要求较高，要求能够准确核算销项税额、进项税额和应纳税额。但实际情况是有众多的纳税人达不到这一要求，因此《中华人民共和国增值税暂行条例》将纳税人按其经营规模大小以及会计核算是否健全划分为一般纳税人和小规模纳税人。

小规模纳税人成为一般纳税人，有两种方式：1.自行申报。2.税务局认定（连续12个月收入500万以上，被认定）。

一旦申请或者被认定为一般纳税人，就不能再转小规模纳税人。

一般纳税人

从2015年7月1日开始增值税一般纳税人实行备案制，涉及到增值税的企业，都可以申请为一般纳税人，只需到税务局申请备案就可以了，增值税一般纳税人和小规模纳税人的税率、交税方式的差异如下：

一般纳税人税率为：

（1）纳税人销售货物、劳务、有形动产租赁服务或者进口货物，除另有规定外，税率为13%。

（2）纳税人销售交通运输、邮政、基础电信、建筑、不动产租赁服务，销售不动产，转让土地使用权，销售或者进口下列货物，税率为9%：

- 粮食等农产品、食用植物油、食用盐
- 自来水、暖气、冷气、热水、煤气、石油液化气、天然气、二甲醚、沼气、居民用煤炭制品
- 图书、报纸、杂志、音像制品、电子出版物
- 饲料、化肥、农药、农机、农膜
- 国务院规定的其他货物

（3）纳税人销售服务、无形资产，除本条第一项、第二项、第五项另有规定外，税率为6%。

（4）纳税人出口货物，税率为零；但是，国务院另有规定的除外。

（5）境内单位和个人跨境销售国务院规定范围内的服务、无形资产，税率为零。

一般纳税人缴纳增值税核算公式：

每月要缴纳增值税＝当期销项税额－当期进项税额

（注意：当期销项税额小于当期进项税额不足抵扣时，其不足部分可以结转下期继续抵扣。）

其中，当期销项税额指当月销售额乘以税率得出的税额；当期进项税额，是指纳税人购进货物、劳务、服务、无形资产、不动产支付或者负担的增值税额，也是企业当月取得的购进或者费用支出

的增值税专用发票上所反映出来的增值税税额，该发票在税务系统认证通过后可以抵扣（增值税专用发票认证期是发票开出之日起360天）；上月留抵扣进项税，是指上一个月申报的已经认证的进项税额，但还没有抵扣完的，留到当期继续抵扣。

一般纳税人实际抵扣进项税额的税率是无法固定的，因为增值税专用发票有可能是在一般纳税人企业处取得，也有可能是在小规模纳税人企业处取得。在一般纳税人那里取得的专用发票进项税额是13%，在小规模纳税人那里取得的专用发票进项税额就是3%，所以具体抵扣多少就要看取得的是哪种企业的专用发票了。企业不同，税率也就有变化，所以，在计算进项税额抵扣时是没有固定税率的。另外，很多人都以为只有进货或者进材料和物品这样的才可以抵扣，其实由于费用的发生取得了专用发票的进项税额也是可以抵扣的。比如水费或者电费发票，只要是增值税专用发票都可以抵扣，还有取得运费发票也可以抵扣。

上月留抵扣进项税额的情况通常是：企业的收入很少，相对销项税额就少，而进货和费用发生的进项税额要超过销项税额。这样的话，不仅这一个月不用再交增值税，而且多出的进项税额还可以留到下个月继续进行抵扣，直到抵扣完为止。这就是我们通常说的上月留下来抵扣，即上月留抵。但要强调的是，目前进项发票的认证期是开出发票的360天，在这个时间内必须要去认证，如果过期没有认证，进项税就不可以抵扣。总之，只有在360天内认证完成的增值税专用发票才可以抵扣，上个月没抵扣完的可以下个月继续抵扣。

> 只有在360天内认证完成的增值税专用发票才可以抵扣，上个月没抵扣完的可以下个月继续抵扣。

这里还要说明的是，一般纳税人中有

一种叫辅导期一般纳税人。就像企业招聘员工时,把员工分为试用期员工和正式员工一样。在这里,一般纳税人也分为辅导期一般纳税人和正式一般纳税人。辅导期一般都在半年左右,辅导期一般纳税人跟正式的一般纳税人在取得专用发票抵扣进项税额方面是有区别的。正式一般纳税人专用发票进项税额可以当月认证当月抵扣,但是辅导期的一般纳税人专用发票进项税额当月认证的当月抵扣不了,其认证的进项税额要在次月才能抵扣。税务局规定要有一个比对期,就是说,税务局要对其进项税额的专用发票进行一个月的审查,所以才会推迟一个月抵扣。

因此,那些刚申请辅导期一般纳税人的企业就需要特别注意了,企业的进项税额要迟一个月才能抵扣,这就要求企业一定要把控好销项税额,否则会给企业带来很大的税收压力。

下面,我们来了解一下增值税普通发票和增值税专用发票的使用和区别。

先强调一点,无论是一般纳税人企业还是小规模纳税人企业,都可以使用和开出增值税的普通发票和专用发票,重点需要注意的是它们在使用过程中的区别。

一般纳税人企业可以从税务局买普通发票和专用发票回来自己开具,而小规模纳税人企业只能买普通发票自己开具。如果小规模纳税人企业要开具专用发票,需前往税务局代为开具。

小规模纳税人

根据规定,小规模纳税人的增值税征收率为3%,国务院另有规定的除外。

小规模企业缴纳增值税核算公式是:

应纳税额 = 销售额 × 征收率

小规模纳税人发生应税销售行为，实行按照销售额和征收率计算应纳税额的简易办法，并不得抵扣进项税额。

此外，新的《中华人民共和国增值税暂行条例》还列出了免征增值税的范围，具体如下：

（1）农业生产者销售的自产农产品

（2）避孕药品和用具

（3）古旧图书

（4）直接用于科学研究、科学试验和教学的进口仪器、设备

（5）外国政府、国际组织无偿援助的进口物资和设备

（6）由残疾人的组织直接进口供残疾人专用的物品

（7）销售的自己使用过的物品

（二）营业税改增值税

如前所述，营改增后，主要涉及的是交通运输业以及部分现代服务业（具体包括范围前文已列，此处省略）。

那么，这些行业营业税改征增值税后，如何征收增值税？

首先还是要看纳税人的身份，究竟是小规模纳税人还是一般纳税人。如果是小规模纳税人，那么，其征收税率就与增值税小规模纳税人征收税率和核算方式一样，都是3%。

如果是一般纳税人身份，税率就会根据不同行业税率销项税的核算而有不同。针对现代服务业和运输业的一般纳税人，其销项税率如下：

提供有形动产租赁服务，税率为13%；

提供交通运输业服务，税率为9%；

提供现代服务业服务（有形动产租赁服务除外），税率为6%。

对于涉及现代服务业和交通运输业的一般纳税人缴纳增值税的核算方式，还是和之前一般纳税人的交税核算方式一样，都是：

每月要缴纳增值税＝当期销项税额－当期进项税额

以上就是交通运输业和现代服务业营改增需要熟悉了解的内容。通过这一改革，很多企业的税收降低了，小规模的现代服务业，有很多都由原来5%的税率降低到了3%，并且之前服务行业是不含税的营业收入，而现在是含税营业收入，计税基数明显减少。对于很多一般纳税人来讲，取得可以抵扣的进项发票的范围更广，抵扣增值税额更多了，企业需要缴纳的增值税也就少了。

到2017年年底，政府正式发布《国务院关于废止〈中华人民共和国营业税暂行条例〉和修改〈中华人民共和国增值税暂行条例〉的决定》后，增值税已经成为中国最重要的税种之一，占中国全部税收的60%以上。企业和个人都应该加强对增值税的关注，及时了解增值税的相关政策信息，使企业可以在未来走得更顺利。

十、关于消费税

消费税是国家为体现消费政策，对生产、委托加工、零售和进口的应税消费品征收的一种税。消费税是对在中国境内从事生产和进口税法规定的应税消费品的单位和个人征收的一种流转税，是对特定的消费品和消费行为在特定的环节征收的一种间接税。消费税的征收范围包括了五种类型的产品。

第一类：过度消费会对人类健康、社会秩序、生态环境等方面造成危害的特殊消费品，如烟、酒、鞭炮、焰火等；

第二类：奢侈品、非生活必需品，如贵重首饰、化妆品等；

第三类：高能耗及高档消费品，如小汽车、摩托车等；

第四类：不可再生和替代的石油类消费品，如汽油、柴油等；

第五类：具有一定财政意义的产品，如汽车轮胎、护肤护发品等。

消费税的税率有两种形式：一种是比例税率，另一种是定额税率，即单位税额。消费税税率形式的选择，主要是根据课税对象情况来确定。对一些供求基本平衡、价格差异不大、计量单位规范的消费品，如黄酒、啤酒、成品油等，选择计税简单的定额税率；对一些供求矛盾突出、价格差异较大、计量单位不规范的消费品，如烟、白酒、化妆品、护肤护发品、鞭炮、汽车轮胎、贵重首饰及珠宝玉石、摩托车、小汽车等，选择税价联动的比例税率。

消费税共设置了14个税目，实行比例税率的有21个，实行定额税率的有4个。共有13个档次的税率，最低3%，最高56%（2008年9月1日起排气量在1.0升以下的乘用车，税率由3%下调至1%）。经国务院批准，财政部、国家税务总局对烟类产品消费税政策做了重大调整，甲类香烟的消费税从价税率由原来的45%调整至56%。另外，新近颁布的《关于调整卷烟消费税通知》中卷烟批发环节的从价税税率从5%提高至11%，新政策从2015年5月10日起执行。

一般情况下，对一种消费品只选择一种税率形式，但为了更好地保全消费税税基，对一些应税消费品，如卷烟、白酒，则采用了定额税率和比例税率双重征收形式。

消费税税目税率表

税　目	税　率
一、烟	
1.卷烟	
（1）甲类卷烟[调拨价70元（不含增值税）/条以上（含70元）]	56%加0.003元/支（生产环节）
（2）乙类卷烟[调拨价70元（不含增值税）/条以下]	36%加0.003元/支（生产环节）
（3）商业批发	11%加0.005元/支（批发环节）
2.雪茄烟	36%（生产环节）
3.烟丝	30%（生产环节）
二、酒及酒精	
1.白酒	20%加0.5元/500克（或者500毫升）
2.黄酒	240元/吨
3.啤酒	
（1）甲类啤酒	250元/吨
（2）乙类啤酒	220元/吨
4.其他酒	10%
5.酒精	5%
三、化妆品	30%
四、贵重首饰及珠宝玉石	
1.金银首饰、铂金首饰和钻石及钻石饰品	5%
2.其他贵重首饰和珠宝玉石	10%
五、鞭炮、焰火	15%

（续表）

税　　目	税　　率
六、成品油	
1. 汽油	
（1）含铅汽油	1.52 元/升
（2）无铅汽油	1.52 元/升
2. 柴油	1.20 元/升
3. 航空煤油	1.20 元/升
4. 石脑油	1.52 元/升
5. 溶剂油	1.52 元/升
6. 润滑油	1.52 元/升
7. 燃料油	1.20 元/升
七、摩托车	
1. 气缸容量（排气量，下同）在 250 毫升（含 250 毫升）以下的	3%
2. 气缸容量在 250 毫升以上的	10%
八、小汽车	
1. 乘用车	
（1）气缸容量（排气量，下同）在 1.0 升（含 1.0 升）以下的	1%
（2）气缸容量在 1.0 升以上至 1.5 升（含 1.5 升）的	3%
（3）气缸容量在 1.5 升以上至 2.0 升（含 2.0 升）的	5%
（4）气缸容量在 2.0 升以上至 2.5 升（含 2.5 升）的	9%
（5）气缸容量在 2.5 升以上至 3.0 升（含 3.0 升）的	12%

（续表）

税　　目	税　　率
（6）气缸容量在3.0升以上至4.0升（含4.0升）的	25%
（7）气缸容量在4.0升以上的	40%
2.中轻型商用客车	5%
九、高尔夫球及球具	10%
十、高档手表	20%
十一、游艇	10%
十二、木制一次性筷子	5%
十三、实木地板	5%
十四、铅蓄电池	4%（2016年1月1日起实施）
无汞原电池、金属氢化物镍蓄电池、锂原电池、锂离子蓄电池、太阳能电池、燃料电池和全钒液流电池	免征
十五、涂料	4%
施工状态下挥发性有机物（Volatile Organic Compounds ,VOC）含量低于420克/升（含）	免征

（资源来源：会计网）

消费税计税方法分为从价计税、从量计税、自产自用的消费品应交税、委托加工代缴、进口应税产品应缴计税、零售金银纳税人计税及其他。

1.从价计税

应纳税额＝应税消费品销售额 × 适用税率

2.从量计税

应纳税额＝应税消费品销售数量 × 适用税额标准

3. 自产自用的消费品应交税

（1）用于连续生产应税消费品的，不纳税。

（2）用于其他方面的：有同类消费品销售价格的，按照纳税人生产的同类消费品销售价格计算纳税；没有同类消费品销售价格的，按组成计税价格计算纳税。

组成计税价格 =（成本 + 利润）÷（1 - 消费税税率）

应纳税额 = 组成计税价格 × 适用税率

4. 委托加工代缴

委托加工应税消费品的应由受托方交货时代扣代缴消费税。有同类消费品销售价格的，按照受托方的同类消费品销售价格计算纳税；没有同类消费品销售价格的，按组成计税价格计算纳税。

组成计税价格 =（材料成本 + 加工费）÷（1 - 消费税税率）

应纳税额 = 组成计税价格 × 适用税率

5. 进口应税产品应缴计税

进口应税消费品，按照组成计税价格计算纳税。

组成计税价格 =（关税完税价格 + 关税）÷（1 - 消费税税率）

应纳税额 = 组成计税价格 × 消费税税率

6. 零售金银纳税人计税

零售金银首饰的纳税人在计税时，应将含税的销售额换算为不含增值税税额的销售额。

金银首饰的应税销售额 = 含增值税的销售额 ÷（1 + 增值税税率或征收率）

组成计税价格 = 购进原价 ×（1 + 利润率）÷（1 - 金银首饰消费税税率）

应纳税额 = 组成计税价格 × 金银首饰消费税税率

7.其他

对于生产、批发、零售单位用于馈赠、赞助、集资、广告、样品、职工福利、奖励等方面或未分别核算销售的,按照组成计税价格计算纳税。

关于外贸企业增值税出口退税

为什么会有出口退税?前面我们讲了,一般纳税人企业增值税可以作进项税抵扣,但是对于外贸出口企业来说,他们出口商品是免征收增值税的,也就是在销项税的环节他们不用缴纳,但是在国内采购的时候,他们已经支付了进项税,这部分税款就得不到抵扣。于是,国家按照具体规定,将出口商品的国内采购产生的进项税额退给企业,这样就有了增值税的出口退税。

外贸企业申报退税时须到网上税务局上传退税申报数据进行自检,自检通过后方可申报。具体操作步骤如下:

1.从外贸企业出口退税申报系统生成退(免)税申报数据。如图所示:

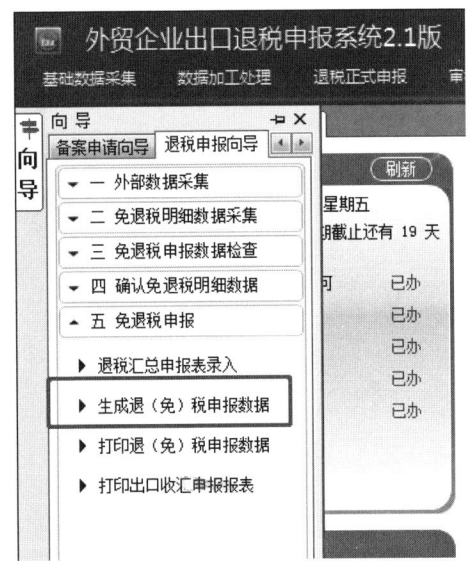

2. 进入出口退税界面，上传数据。如下图所示：

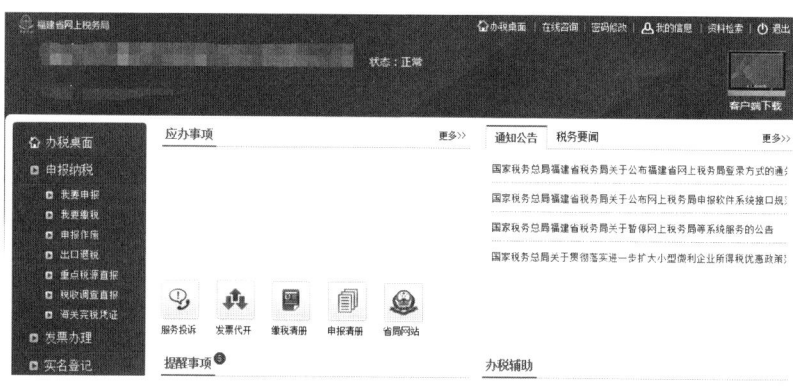

3. 自检情况为 0，则可直接申报。如自检情况有出现疑点，则查看具体疑点，须修改数据后重新申报。（双击自检情况可直接进入疑点信息列表）如下图所示：

4. 明确疑点对象后,到外贸企业出口退税申报系统撤回申报数据,自行核对有疑点的单据并进行修改,修改无误后重新导出免退税数据进项自检申报。如下图所示:

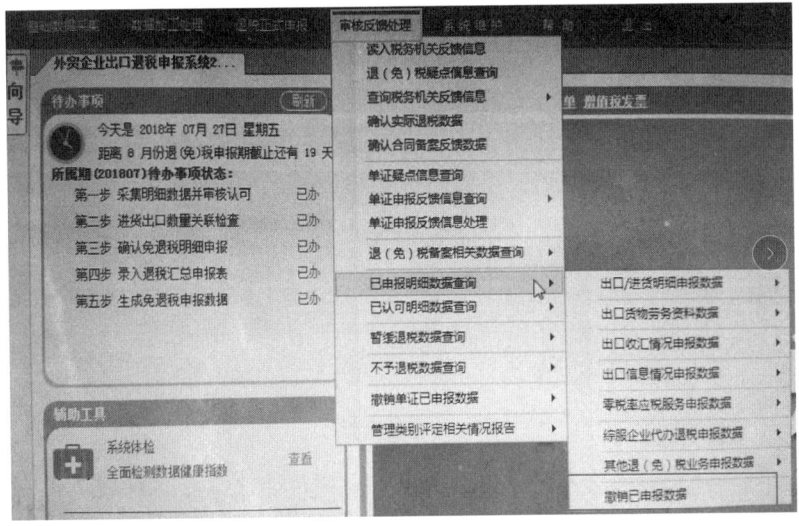

注意点:

外贸企业出口退税申报系统会不定时升级,申报前须完成升级才能生成有效申报数据。须关注出口退税咨询网通告,及时下载升级;

在外贸企业出口退税申报系统填写申报数据时，仔细核对商品名称、编码、数量、金额、发票号码、开票时间，避免自检时出现疑点，需要再撤回重新录入。

在这一章里，我们讲到所涉及的所有税种，其实都有很多的优惠政策，当企业涉及这些税种的时候，就可以查询适合自己企业的优惠政策。比如，当企业涉及增值税或者企业所得税时，我们就可以上相关网站去了解相应税种有哪些优惠的环节和优惠的程序，然后对照一下，看看自己的企业符不符合这些条件；假如符合这些条件，就去税务局申请享受优惠政策。优惠政策非常多，想把它们都记下来是不现实的。一般情况下，我们只需要知道有哪些税种，以及每个税种大致的优惠方向即可。在我们遇到具体问题的时候，再上网细查。

关于中小企业涉及的税种我就说到这里。只要企业能真正掌握这些内容，那么在税收方面就可以避免很多失误，基本不会再产生把不该缴的缴了、不该漏的漏掉的情况，也就避免了不必要的麻烦和处罚。这也是本章想要达到的效果。

第三章

账务处理的七大关键及技巧

税的产生，是直接和企业账务所发生的业务数据有关的，没有账务上发生的数据，企业也无法核算税额。也就是说，税额的计算依据都是来自账务所反映出来的数据，账务的处理才是企业真正的核心。要想处理好企业的账务，我们必须正确理解业务的发生会产生什么样的账务，还要知道这些账务在实际业务中有什么关联，可能会引起什么样的税务问题。

在上一章里，我为大家讲述了中小企业涉及的税种，要注意的相关问题和事项，如何申报、缴纳各项税种，以及应该在什么样的情况下申报缴纳各项税种，等等。其实这些税的申报缴纳、计税基数以及所产生的环节都来自企业业务的发生，所有的业务发生又都被记录在企业的账务里面。作为中小企业老板，对企业账务的了解是非常有必要的。比如，应该搞清楚税务的计税依据是由哪些业务产生的，或者账上反映的哪些数据是有钩稽关系的，假如这些都不清楚的话，那么一旦企业在账务方面出现了问题，老板就很难及时发现。

税的产生，是直接和企业账务所发生的业务数据有关的，没有账务上发生的数据，企业也无法核算税额。也就是说，税额的计算依据都是来自账务所反映出来的数据，账务的处理才是企业真正的核心。要想处理好企业的账务，我们必须正确理解业务的发生会产生什么样的账务，还要知道这些账务在实际业务中有什么关联，可能会引起什么样的税务问题，等等。

中小企业涉及账务处理的几大方面有：投入、收入、成本、费用、税金、往来账、利润。下面我们来逐一讲解和分析。

◎ 投入

投入是一个企业拿到营业执照以后，第一笔要处理的账务，也就是我们通常说的实收资本。实收资本是指投资者按照企业章程或合同、协议的约定，实际投入企业的资本，它是企业注册登记的法定资本总额的来源，它表明所有者对企业的基本产权关系。《中华人民共和国企业法人登记管理条例》规定，除国家另有规定外，企业的实收资本应当与注册资本一致。企业实收资本比原注册资本数额增减超过20%时，应持资金使用证明或验资证明，向原登记主管机关申请变更登记。

实收资本是企业股东投入企业的钱，简单说就是企业收到了钱。在账务处理方面，财务记账要记录企业的银行存款增加，记录企业的实收资本增加，在实收资本的明细中还要具体反映出是谁投入的钱增加了。

对于处理实收资本的账务来说，这些原本都是不难的，问题是很多中小企业老板创业不易，资金也不多，如果执照上体现的注册资本少，他们会担心做生意被人看不起，所以在自己没有太多钱拿出来做前期投资的前提下，就不得不找人代垫资金做投入验资，等验资做好了，代垫的人自然要把资金抽走。这就造成了一个严重的后果——抽逃资金。面对这样的情况，处理账务就很难，可以说没有哪个高明的会计师能从账务上掩盖抽逃资金的行为。工商局只要直接调出银行对账单，就可以清楚地查出投入的资金是否抽逃了，根本不需要去查企业的账，所以账务处理是无法掩盖抽逃资金的问题的。在这里我提醒各位企业投资者，注册公司抽逃资金的罚款是比较重的，请一定要注意避免。

◎ 收入

收入对企业来讲很敏感，因为会涉及企业缴税的问题。有些人认为收入等同于发票金额，这种想法肯定是不对的。举个很简单的

第三章
账务处理的七大关键及技巧

例子,你平时在外面吃饭时总会向饭店索要发票吗?如果饭店没给你发票,那收你的钱是不是饭店的收入呢?有时,企业在和客户谈生意时会先收一笔订金,那这笔订金算不算收入?还有,企业和客户的交易不是钱货两清,有时候货先发了,款却要等很久,这如何算收入呢?

由于这些问题直接影响企业缴纳税款,因此收入的确认就非常重要了,如果不搞清楚这个问题,最后导致漏缴税或者多缴税,都会给企业带来不必要的麻烦和损失。

关于何时对商品的销售收入、劳务收入进行确认,应遵从以下原则:

◆ 企业已将商品所有权上的主要风险的报酬转移给购货方

◆ 企业既没有保留通常与所有权相联系的继续管理权,也没有对已售出的商品实施控制

◆ 与交易相关经济利益能够流入企业

◆ 相关的收入和成本能够可靠地计量

以上四个条件必须同时满足,才能确认收入,任何一个条件没有满足,即使收到货款也不能确认收入。

> 收入的账务处理其实很简单,就是反映现金、银行存款、应收账款增加或者预收账款减少,同时反映主营业务收入增加。

收入的账务处理其实很简单,就是反映现金、银行存款、应收账款增加或者预收账款减少,同时反映主营业务收入增加。所以,只要我们一开始把收入的意思弄明白了,以后不管做哪个行业,在账务处理方面都是差不多的。所谓一通百通,不管现在你是做商业会计,还是做工业会计都是一样的。并不是说做工业会计的人就不会做商业会计,该反映的业务,只要照着实际业务发生的情况去反映就行了。

主要经营项目产生的收入就是主营业务收入，不管在哪家企业，道理都是如此。比如企业是做广告的，广告所产生的收入就叫主营业务收入；企业是销售商品的，那么销售商品所产生的收入就是主营业务收入。即使是进出口企业，道理也都一样，只不过产品销售的地方不同而已，但是对于账务的处理，可能就是多了一种外币，我们需要将外币汇算成人民币来计算。但这并不是说多了一个进出口业务，企业的收入就变成别的东西了，收入还是收入，只不过是多了一个核算的过程。我们可以说是进出口企业在收入这个环节上，物品走的流通渠道不同，但不能说账务不同。

很多人说自己是工业企业的会计，或者是商业企业的会计，抑或是房地产企业的会计，其实账务处理的大致道理都是一样的。我们千万不要被行业的改变迷惑，行业改变了，做账的方式是不会改变的。

○ 成本

在成本方面，大家首先要消除一个误区，因为很多人都向我咨询白条收据是否能入账的问题。那白条收据究竟能不能入账呢？

一般来说，白条收据是指收到款项方没有给付出款项方提供规范的发票而开出来的一个收款凭证，收款方如果不提供任何凭证，付款方没法入账，账务上就无法记录这一笔实际付出的款项。按国家规定，收款方要给付款方提供税务局认可的规范发票。有些收款方因为想隐瞒收入，但又必须给付款方出具收到款项的证明，所以他们就开出这种白条收据。

第三章
账务处理的七大关键及技巧

很多商家收款以后说提供不了发票,这是一种不实说法,只要他们不想隐瞒收入,就一定能提供规范的税务机关认可的单据。那么对于接受白条收据的企业来说,支付了这笔钱后,到底要不要在账务上如实反映呢?既然是做账,当然要如实反映企业真实发生的业务。但是白条收据为什么会让许多人那么困扰,这就必须说到税务查账的问题了。

站在税务的角度来看,白条收据的支出是真是假,很难辨别。也就是说,这些业务是否实际发生,到底收款方有没有隐瞒收入,这些都很难判断。如果是实际发生的,就会涉及收款方隐瞒收入、偷逃税款的问题;如果不是实际发生的,企业把白条收据入账了,就会使费用成本增加,费用成本增加就使得利润减少,利润没了所得税就少了,这等于是企业少缴了给国家的税。白条收据,企业可以自己随便做,税务局无法判断其真实性,所以税务局查账的时候不会认可这类单据在税前的列支。为此,我们应该先弄清楚入账和税前认不认可的问题。

> 真实业务发生的单据,我们都应该如实反映到账务中,但是在核算企业的所得税时,我们核算的必须是税务局认可的单据。

很多人把单据入账和税前的认可混淆在一起,这是不正确的。真实业务发生的单据,我们都应该如实反映到账务中,但是在核算企业的所得税时,我们核算的必须是税务局认可的单据。这也是在告诉我们要如何面对企业的白条收据。企业白条收据越多,企业税收损失越大,企业要想减少税收压力,当然就应该减少白条收据业务的发生,或者尽可能不要发生,这样做才是真正合理地减少企业的税收压力。

针对上面的讲解,我想在这里举一个比较形象的例子。A 和 B

两人合伙开了一家公司，各占50%的股份，并同时约定由A来记账。到年终的时候，账面有2万元盈利。如果按照账面反映出来的利润，以他们每人所占股份的50%来分配，即每人分红1万元。这时候如果A跟B说："今年的盈利是2万元，我跟你每人分1万元钱。"B会不会听A的拿走1万元就算了呢？一般来说，不会。B肯定要看一看A记的账，核实一下账务记录的情况。如果B看完账以后，发现账上记了A请自己妈妈吃饭花了500元，自己买衣服花了800元，带女儿出去玩又花了200元，这加起来一共就是1500元的支出了。那这1500元支出B会认吗？B一定不会认，但他也不会要求A去改账，他会要求A把核算出来的2万元利润再增加1500元，然后按这个被认可的数字进行分配。

从上面这个例子，我们可以很清晰地知道，白条收据入账以后，面对税务局时我们需要做的就是数据的调账。也就是说，我们在上缴企业所得税的利润核算时，必须加上税务局不认可的那部分单据金额来调增企业的所得税，这样才能使得付款方没有偷税漏税的嫌疑。对于收款方，税务局还会根据这些收入的出处去审查其是否有偷税漏税的问题。

那么，关于企业的成本核算，我们先要正确理解成本的含义。明白了各种业务成本的含义之后，也就容易核算了。成本的概念广泛，我们这里讲的是生产成本和销售成本(主营业务成本和其他业务支出)。

生产成本是工业企业为生产一定种类、一定数量的产品所发生费用的总和。由直接材料、直接人工和制造费用三部分组成。

直接材料是指原材料、辅助材料、备品备件、燃料及动力等；直接人工是指生产人员的工资、补贴、福利费等。

销售成本是指已销售产品的生产成本或已提供劳务的劳务成本，以及其他销售的业务成本。

销售成本包括主营业务成本和其他业务支出两部分，其中，主营业务成本是企业销售商品产品、半成品以及提供工业性劳务等业务所形成的成本；其他业务支出是企业销售材料、出租包装物、出租固定资产等业务所形成的成本。

对于主营业务成本，应以产品的销售数量或提供的劳务数量，和产品的单位生产成本或单位劳务成本为基础进行确认，其计算公式为：

主营业务成本＝产品销售数量或提供劳务数量 × 产品单位生产成本或单位劳务成本

就销售产品而言，产品销售数量可直接在"库存商品明细账"上取得；产品单位生产成本可采用多种方法进行计算确定，如先进先出法、后进先出法、加权平均法等，根据会计核算一贯性原则的要求，企业一经选定某一种方法后，不得随意变动。

那么企业该如何合理管理控制成本呢？

首先，是生产成本的控制。它能够反映企业生产经营工作的效果。企业原材料消耗水平、设备利用好坏、劳动生产率的高低、产品技术水平是否先进等，都会影响生产成本。加强成本管理，降低生产经营耗费，有利于促使企业改善生产经营管理，提高经济效益。既然生产成本由直接材料、直接人工和制造费用三部分组成，那么节约材料消耗，就降低了直接材料费用；提高劳动生产率，就降低了直接人工费用；推行定额管理，就降低了制造费用。

其次，是销售成本的控制。前面讲过，销售成本包括主营业务成本和其他业务支出两部分。主营业务成本里包含了产品的生产材料、工人工资、制造费用（设备折旧、水、电费、辅料）。那么，节约产品的生产材料，降低人工与制造费用，是控制主营业务成本的关键。其他业务支出包括销售材料的成本、出租固定资产的累计折旧、出租包装物的成本或摊销等。以上因素也是控制其他业务支出重点考虑的途径。

合理控制企业成本，直接关系企业的发展和效益，在实际工作中控制好成本不是一件容易的事，企业应该制定严格的管理制度来控制成本。有一定规模的工业企业应配有专门的成本会计，审核公司各项成本的支出，进行成本核算、费用管理、成本分析，并定期编制成本分析报表，月末进行费用分配，及时与生产、销售部门核对在产品、产成品并编制差异原因上报，做好成本的核算和控制。

费用

企业费用主要有四种：主要管理费用、经营费用、制造费用、财务费用。那这四项费用在财务核算上如何去理解，又是如何划分的呢？这里告诉大家一个简单的划分方法。企业通常都有行政管理部门，有经营业务部门，生产型企业还有车间生产部门，每个部门日常都会发生各项费用支出。由此我们可以划分出：管理费用就是行政管理部门发生的费用支出，经营费用就是业务销售部门的费用支出，制造费用就是生产车间发生的各项费用支出。这样划分的话，我们就不用再整天拿着书本去对照了，自然就明白如何在账务上处理企业的各项费用划分了。

但是，一些初创型企业没有那么多部门，有些公司可能只有几个人,那这种情况下该怎么划分这些费用呢?其实这就更好处理了。依照上面的道理,几个人的小公司要划分的话,就看费用是因为什么原因而发生的。如果是因为行政管理方面的事务发生的,就处理为管理费用;如果是因为经营业务所发生的,自然就属于经营费用了。

最后是财务费用。每个企业都开立有银行账户,企业的资金在银行进出而产生的手续费、利息或者汇兑损益,我们就归类为财务费用。

我用通俗的方法给大家讲解了费用的账务划分,对于费用的单据入账,我们在成本那一节已经做了详细说明,这里就不再重复了。总之,企业只有尽量取得规范的发票入账,才能减少企业的税收。在后面的章节里,我还会专门讲述从收入、成本、费用三个方面设立两套账给企业带来的危害。

◎ 税金

各项税金缴纳和征收的方式,在前面的章节中已经详细说过了,不再重复,这里我主要讲解的是账务上如何处理缴纳税金的业务。税金账务处理的科目主要有两个:一个是"税金及附加"科目;另一个是"应交税费"科目,是应交而尚未交的税费。但我们在处理账务的时候,什么时候用税金及附加,什么时候用应交税费呢?

平时出现问题比较多的是应交税费这个科目。很多人只要见到企业的一张缴纳税单付款单据,就会直接处理为应交税费,这其实是不对的。

我们处理账务时一定要看账务前因后果的联系，每个月的账务处理不是孤立的，例如在处理 9 月的账务时，不能只看 9 月发生的业务，还应看回 8 月、7 月，甚至更早的账务之间的业务关系。如果我们在 9 月看到一张税单的支付，就直接把它处理为应交税费，这样的处理方式是比较盲目的。要知道前一个月的收入，要到下个月才会申报税，也就是说 9 月申报税的是 8 月的收入，虽然税单到 9 月才出来，但实际上业务是 8 月发生的。

如果我们在账务处理 8 月收入时，账上只反映出 8 月的收入，而没有计提 8 月收入所产生的应交税费，那么，当我们 9 月拿到已缴纳的 8 月税款单据时，就应该将它纳入税金及附加，而不是应交税费。除非补计提一张单据，反映出往来账应交税费中有一笔未支付的 8 月税款，只有这样，9 月支付的税款才能再做一笔应交税费来减少已经挂账的应交税费。

为了更好地说明这个问题，我在这里给大家举一个例子。假如在一个非常炎热的晚上，我们逛超市，看到超市里的肉很便宜，有许多人都在买，我们也一时冲动去买了。但是买回去之后才想起来我们晚上已经吃过饭了，肉要到第二天才能吃，但家里又没冰箱，放到第二天就臭了，这时候就不得不把肉扔掉了。

跟上面的例子相似，有的人看到别人拿到税单就处理为应交税费，他也这么做。但他不知道别人之前已做税金的计提处理，别人的应交税金账上的确挂了未缴纳的税金，所以等缴纳了税以后自然要做成应交税金。如果你之前的账上根本没有做计提处理，那你处理为应交税金的依据又是什么呢？

别人家晚上吃饱饭后去买便宜肉，是因为他们有冰箱，而如果你家没有冰箱，就只能等到需要吃的时候再去买，就算买了最后还是浪费。所以，在我们企业没有计提税金的情况下，交税以后的税单就应该直接入税金及附加，而不是入应交税费科目。由此可以看出，在税金方面我们要特别注意前后连接的账务处理。

往来账

在往来账中，我们首先要区分的是应收账款和其他应收款的区别，以及应付账款和其他应付款的区别。应收账款和应付账款都是与企业经营业务有直接关系的往来账款，会挂入应付应收款项，例如：销售商品就要入应收账款，购进材料或者企业经营活动发生的费用等要支付的款项就入应付账款。而与经营活动没有直接关系的一些往来款支付就入其他应收款和其他应付款，如员工私人借款，差旅费借款，等等。

接下来，我要提醒大家，往来账要注意的两个科目是预收账款和应付账款，这是税务局会重点审查的地方。税务审查最直接的方式就是审查这两个科目的明细情况。预收账款有余额，就说明企业收到了钱而没有确认收入，税务审查会重点审理这部分余额是否与收入有关系，如果有任何地方让他们确认是业务收入，就会要求企业补交税款。

应付账款指的是企业购进货物或者是产生了费用，凭发票入了账，但是这部分钱企业还没真正支付出去，可对应的成本和费用已经做了账务处理，并减少了企业的利润。那么，税务为什么会重点审核这一点呢？这是因为购进的物品或者发生的费用，长期没有支付出去的话，税务就会质疑是否真实发生了费用和成本，有没有可能是虚假业务。如果拿不出有力的证据来证明业务是真实有效的，税务机关就会不认可这部分费用和成本的支出，并要求企业调增利润，补交企业所得税，情节严重的甚至会罚款。

○ 利润

前面在讲企业所得税征收的时候，我们讲到过利润。我们还讲了查账征收企业所得税，是根据企业的利润来核算企业所得税的。也就是说企业有盈利，要按利润乘以25%来缴纳企业所得税，企业如果亏损就不用交企业所得税。但并不是说，在企业持续亏损、没有扭亏的情况下，该企业就一直不用缴纳企业所得税。下面我们来详细了解一下亏损企业的所得税缴纳。

我们还是用例子来说明。假设一个成立于2011年的企业，在成立当年亏损了100万元，之后每年有10万元盈利，那么到2017年企业账面依然亏损40万元。如果亏损就一直不用缴纳企业所得税的话，那这个企业从2011年到2017年都可以不用缴纳企业所得税了。但实际情况并不是这样。

我国税法对弥补亏损的年限是有规定的。假如一个企业连续多年亏损，从有盈利的那一年起最多也只能往前推5年弥补亏损。到时即便企业账面上还有亏损，仍须交企业所得税。那么上面的例子中，2007年虽然企业账面依然亏损40万元，但已经超过了弥补亏损的年限，所以10万元盈利就应该上缴企业所得税了。

因为利润牵涉到企业交税，所以很多私营企业的老板对账务的要求就是：不牵涉交税的，账就随便做一做；牵涉交税的话，就认真一点儿做。这种指导思想非常不好。作为私营企业的老板，即便是在创业阶段，我们也要对账务抱着认真负责的态度。账务并不是孤立于哪一年、哪一个时刻的，而是有前因后果的联系。比如前面的数据可能会导致后面的数据产生利润问题、税收问题，这是私营企业老板要特别注意的。

我们的眼光和思维一定要长远一点儿，不要总是停留在局部问题上，一定要全面、前瞻性地看待税务和账务问题。

很多中小企业老板，包括一些刚刚接触会计的财务人员，他们面对税务时一般都很紧张。我们在前面介绍相关税种的时候告诉过大家，税收要从企业业务行为中来。业务行为其实就是我们如实反映的账务，只有账务弄清楚了，税务才不会出错。所以，把控企业的业务行为，处理好企业的账务，才是企业最重要的核心，也是保证企业税务不漏缴不多缴的最重要依据。

从本章我们可以看到，中小企业账务的主线条就是投入、收入、成本、费用、税金、往来账、利润。投入就是企业股东投进来的钱（实收资本），用作企业的经营发展，经营过程中就会产生收入，同时也就会产生成本、费用的支出，也就出现税金。接着我们的购进、卖出就有往来账了，最后才会产生企业利润。

所有的企业都有这么一个主线条，只要我们把主线条梳理清楚了，业务行为也就能理解清楚，税务问题也会越来越清晰，知道哪些行为要规范注意，以免产生不必要的税务压力或税务罚款。如果产生问题，就是我们没有把企业的业务行为和税务关系理解到位，所以我们要正确理解账务这条核心主线。

第四章

财务报表的分析解读

在财税方面，一般会有三大报表，分别是资产负债表、利润表和现金流量表。在这三大报表中，又以资产负债表和利润表这两大报表最为重要。

解读资产负债表

资产负债表的样式如下：

资产负债表

编制单位：　　　　　　　　　　年　　月　　　　　　单位：元

资　　产	行次	年初数	期末数	负债和所有者权益（或股东权益）	行次	年初数	期末数
流动资产：				流动负债：			
货币资金	1			短期借款	68		
短期投资	2			应付票据	69		
应收票据	3			应付账款	70		
应收股利	4			预收款项	71		
应收利息	5			应付工资	72		
应收账款	6			应付福利费	73		
其他应收款	7			应付股利	74		
预付账款	8			应交税费	75		
应收补贴款	9			应付利息	80		
存货	10			其他应付款	81		
待摊费用	11			预提费用	82		
一年内到期的非流动资产	21			预计负债	83		
其他流动资产	24			一年内到期的非流动负债	86		
流动资产合计	31			其他流动负债	90		
长期投资：							
长期股权投资	32			流动负债合计	100		
长期债权投资	34			长期负债：			

(续表)

资　产	行次	年初数	期末数	负债和所有者权益（或股东权益）	行次	年初数	期末数
长期投资合计	38			长期借款	101		
固定资产：				应付债券	102		
固定资产原价	39			长期应付款	103		
减：累计折旧	40			专项应付款	106		
固定资产净值	41			其他长期负债	108		
减：固定资产减值准备	42			长期负债合计	110		
固定资产净额	43			递延税项：			
工程物资	44			递延税款贷项	111		
在建工程	45			负债合计	114		
固定资产清理	46						
固定资产合计	50			所有者权益（或股东权益）：			
无形资产及其他资产：				实收资本（或股本）	115		
无形资产	51			减：已归还投资	116		
长摊待摊费用	52			实收资本（或股本）净额	117		
其他长期资产	53			资本公积	118		
无形资产及其他资产合计	60			盈余公积	119		
				其中：法定公益金	120		
递延税项：				未分配利润	121		
递延税款借项	61			所有者权益（或股东权益）合计	122		
资产总计	67			负债和所有者（或股东权益）合计	135		
企业负责人：	主管会计：			制表：	报出日期：　年　月　日		

第四章
财务报表的分析解读

一、如何制定资产负债表

从原始单据到记账凭证再到凭证汇总，资产负债表究竟是怎么做出来的？可能大家有时候很难真正理解教科书上的说明，只生硬地背下来，如"资产方借方增加，贷方减少；负债方借方减少，贷方增加"之类的内容，但实际上脑子里还是弄不清楚。

其实资产负债表的制作就类似于一个加减算术题。从资产负债表上，我们看到要填的有两栏，一栏是年初数，另一栏是期末数。假如我们有一张2018年9月的资产负债表。看行次1是货币资金，后面要填货币资金的年初数。年初数，顾名思义就是需要知道2018年1月1日那天，企业所拥有的货币资金有多少。也就是指到2017年12月31日为止，企业账上还有多少货币资金。另外还有期末数，这其实是个数学题。当月货币资金发生的增加数，减去货币资金的减少数，再加上上期剩余的货币资金数，就是我们需要知道的期末剩余的货币资金，把它填入报表的期末数就可以。要想知道当期增加数和当期减少数，就要核算当月的凭证，汇总凭证以后就可以看出来所需要的增加数和减少数。至于说要知道汇总表上是借方增加数还是贷方增加数，我们也不需要去死记硬背，只要翻看凭证，看看凭证发生货币资金的业务，就能很清楚地看出哪边增加哪边减少。

资产负债表上的所有科目都是按照这个道理算出来的，一个月接着一个月的报表，也都是按照这个方法做出来的。总之，只要明白了上面讲的道理，资产负债表做起来就很简单。

如果我们能够熟练地操作资产负债表的制作及取数，那么我们对企业各项数据业务的关系就会搞得非常清楚。任何事情都是熟能生巧，熟练过程之后再来分析报表的数据问题就很容易，因为我们很清楚地知道数据的来龙去脉，自然就可以通过数据来分析出企业的财税问题。接下来我们就来分析这份财务报表的数据。

二、如何分析资产负债表

首先，我们看一下资产负债表里的科目各自反映的是什么数据。

（一）货币资金

这个科目包括了企业拥有的现金和银行存款。我们偶尔会看到一些中小企业资产负债的货币资金出现了负数，但在正常情况下，这一栏是不会出现负数的。出现负数，就意味着有收款单据没有及时入账，或者没有实际支付的单据但在现金和银行账上反映出支付了。另外，我们要注意的是，现金库存不能太大，现金库存大有可能会出现变相分配或者非正常支出，而实际账务没有办法消化；要尽量减少现金交易，库存现金要及时挂账或者当作费用处理，确保账实相符；银行开户销户不要太频繁，否则会引起税务机关关注，认为企业可能有偷税漏税现象。

（二）短期投资和长期投资

这两个科目都要求企业正确核算，到底是法人企业投资行为还是股东个人投资行为。确认投资收益，比如股票投资、债券投资及其他的短期投资行为；确认投资行为带来的应收股息和应收利息。如果只有短期投资和长期投资的业务发生，而没有核算投资的收益，就会出现漏税现象并引起税务机关的关注。

（三）应收账款

对于这个科目，如果报表反映出来的是借方余额，那么数据属于比较正常的。这是指企业发生已经确认收入，但还没有收到款项。但是，如果说这个科目出现了贷方余额，那么这个时候企业就要检查一下，是否有预先收到营业收入而没有及时确认收入。收到款项超过一年还没有及时确认交易行为的，也会因涉嫌偷漏税行为而引起税务机关的注意。

（四）其他应收款

这个科目如果长期有大量的借方余额，而且是挂在私人借款名下的，或者是关联企业借走只以一张白条收据作为附件的，都会引起特别关注。在税务部门看来，这表明可能有企业虚假注资而抽逃资金，或者是私人借变相的股东利润分配而偷漏个人所得税，又或者是关联企业借变相利润分配从而偷漏企业所得税等行为。

（五）预付账款

这个科目如有大量的借方余额，缺乏动态，也可能会涉及变相转走利益分配。而如果这个科目下出现贷方余额，而且是增值税一般纳税人企业，就会有虚开增值税专用发票抵扣增值税额的嫌疑。企业还可能会涉及费用成本虚增，实际没有付款却在账面上增加费用，减少了企业实际利润，结果导致偷漏企业所得税的行为。

（六）存货

对于这个科目的核算，企业需要做到的是，正确并统一标准核算销售成本，如实地反映购进和销售行为，正确处理损耗、过期、坏损的商品，确保账实相符。对于这个科目来说，如果借方余额过大，则会引起税务机关的关注，比如是否有虚增的库存。一般纳税人企业增加库存的同时，等于是在增加增值税的进项税额。如果是虚增的库存，就会加大增值税的抵扣，导致减少应该缴纳的增值税，这也是税务机关重点核查的数据。

（七）待摊费用及长期待摊费用

这个科目主要关注的是费用摊销的合理性，比如是否按照法律法规规定的标准进行费用的归集，是否做到了合理摊销，等等。保证当期正确的利润，也就保证了所得税税源。

（八）固定资产

这个科目首先是合理确定固定资产的残值和折旧年限，看是否有随意改变、加大折旧率的现象。其次，确定固定资产的清理手续是否完备。这些都会涉及是否减少利润，漏交企业所得税。

这里附上最新规定的固定资产的折旧标准：

房屋、建筑屋，为 20 年；

火车、轮船、机器、机械和其他生产设备，为 10 年；

火车、轮船以外的运输工具以及与生产、经营业务有关的器具、工具、家具等，为 5 年；

电子设备，为 3 年。

另外，固定资产也要确保账实相符。一般纳税人企业固定资产的加大，会伴随着增值税进项税加大。如果是虚增固定资产，就会导致增值税的偷缴、漏缴，并虚增了折旧费用。

（九）无形资产和其他长期资产

这个科目的核算不能随意更改加大摊销年限。改变无形资产的认定标准，加大期间费用，会导致当期利润减少，企业涉嫌偷逃企业所得税。

（十）短期借款及长期借款

针对这两个科目，企业要注意的是，它所反映出来的数据，有无借款协议，有无利息费用的产生，还有没有频繁进出数据而无原始单据证明的业务发生。会导致的账务风险有：借款协议有漏缴印花税的情况，无法真实核算利息、费用，涉嫌关联业务偷漏税，等等。

（十一）应付账款

这个科目所反映的数据过大，被直接关注的问题通常是，是否有虚开发票冲抵成本费用的情况。一般纳税人企业抵扣进项税额，而无实际业务发生，这样会涉嫌偷漏所得税、增值税，账务风险非常大。

（十二）预收账款

这个科目如果有贷方数据长期挂账，且金额过大，账龄超过一年以上，那么直接存在的问题就是收入的确认延迟，税款未能及时缴纳。企业所应做的就是要及时确认收入，及时缴纳税款。

（十三）其他应付款

这个科目的贷方数据的长期挂账，也会涉及是否有签订规范的借款合同。账龄超过一年而无借款合同，就涉嫌偷漏印花税等。如果是借方余额，就会产生和其他应收款科目同样的账务问题。

（十四）应付工资，应付福利费

在这个科目下，贷方数据会直接涉及是否有虚列的人工工资，有对无合同、无考勤、无劳动而计提工资的业务行为，虚减利润，偷漏所得税，还有就是超范围发放福利费。在此我们可以来了解一下合理的薪酬开支到底有哪些。

（1）职工工资、奖金、津贴和补贴。

（2）职工福利费。

（3）医疗保险费、养老保险费、失业保险费、工伤保险费和生育保险费等社会保险费。

（4）住房公积金。

（5）工会经费和职工教育经费。

（6）非货币性福利。

（7）因解除与职工的劳动关系给予的补偿。

（8）其他与获得职工提供的服务相关的支出等。

需要注意的是以上业务的发生，分别有几种会计处理方式：

第一种，由生产产品、提供劳务负担的职工薪酬，计入产品成本或劳务成本。

第二种，由在建工程、无形资产开发项目负担的职工薪酬，计入固定资产成本或无形资产成本。

第三种，其他职工薪酬（含因解除与职工的劳动关系给予的补偿），计入当期损益。

下面我再说明一下，工会经费指的是哪些费用：

（1）会员活动费。用会费组织会员开展集体活动及会员特殊困难补助的费用。如会员活动日、郊游活动、联欢会、参观、电影、舞会、游园以及其他集体活动的费用等。

（2）职工活动费。用于开展职工教育、文娱、体育、宣传活动以及其他活动的开支。其中：

职工教育方面。用于工会举办的职工教育、业余文化、技术、技能教育所需的教材、教学、消耗用品；职工教育所需资料、教师酬金；优秀员工奖励；工会为职工举办政治、科技、业务、再就业等各种知识培训；等等。

文体活动方面。用于工会举办职工业余文艺活动、节日联欢、文艺创作、美术、书法、摄影、展览；文体活动所需设备、器材、用品购置与维修；文体汇演、比赛奖励；按规定开支的伙食补助费、误餐费、夜餐费；等等。

宣传活动方面。用于工会组织政治、时事、政策、科技、讲座、报告会的酬金；工会组织技术交流、职工读书活动以及举办展览、黑板报等所消耗的用品；工会组织重大节日活动的宣传费；工会举办图书馆、阅览室、读报组所需图书、报刊以及工会广播站的消耗用品费；等等。

其他活动方面。除上述支出以外，用于工会开展的其他活动的费用。如：职工集体福利事业补助等。

（3）工会业务费。用于履行工会职能、加强自身建设和开展业务工作等方面的费用。如"工会干部和积极分子学习政治、业务所需费用；培训工会干部和积极分子所需教材、参考资料和讲课酬金；评选、表彰优秀工会干部和工会积极分子的奖励；工会会员（代表）大会的费用；建家活动费用；工会维护职工合法权益开展的法律咨询服务、劳动争议协调等各项工作活动的费用；慰问困难职工的费用；基层工会办公、差旅、维修等方面的费用。

（4）事业支出。用于工会管理的为职工服务的文化、体育、教育、生活服务等附属事业的相关费用以及对所属事业单位必要的补助支出。

（5）其他支出。用于以上支出以外的，由工会组织的活动费用。

（6）上解经费支出。按规定比例上解上级工会的经费。

另外，根据《国家税务总局关于企业工资薪金及职工福利费扣除问题的通知》国税函〔2009〕3号文件规定，企业职工福利费包括以下内容：

尚未实行分离办社会职能的企业，其内设福利部门所发生的设备、设施和人员费用，包括职工食堂、职工浴室、理发室、医务所、托儿所、疗养院等集体福利部门的设备、设施及维修保养费用和福利部门工作人员的工资薪金、社会保险费、住房公积金、劳务费等。

为职工卫生保健、生活、住房、交通等所发放的各项补贴和非货币性福利，包括企业向职工发放的因公外地就医费用、未实行医疗统筹企业职工医疗费用、职工供养直系亲属医疗补贴、供暖费补贴、职工防暑降温费、职工困难补贴、救济费、职工食堂经费补贴、职工交通补贴等。

按照其他规定发生的其他职工福利费，包括丧葬补助费、抚恤费、安家费、探亲假路费等。

不属于职工福利费的开支有如下几种：

（1）退休职工的费用。

（2）被辞退职工的补偿金。

（3）职工劳动保护费。

（4）职工在病假、生育假、探亲假期间领取到的补助。

（5）职工的学习费。

（6）职工的伙食补助费（包括职工在企业的误餐补助和出差期间的伙食补助）。

（十五）预提费用

这个科目如果数据长期挂账，直接涉及的问题是，会产生没实际支付的虚列费用。这也会减少企业利润，导致企业偷漏企业所得税。

（十六）实收资本

这个科目要确保账实相符，避免股东变更未实际验资，或者虚假出资，而导致工商法律风险。

（十七）未分配利润

假如企业账面负数过大，甚至超过了实收资本，就会引起工商人员关注，看是否有增大投资而未及时进行增资的行为。而税务关注的是企业如此亏损，是否说明有实际收入没有真实反映出来的行为，否则哪来那么多资金让企业亏损。

解读利润表

利润表，又称损益表，是反映企业在一定会计期间经营成果的会计报表。它是一张动态报表，既可以及时看出企业当期收益情况，也可以看出企业会涉及哪些税源。新会计制度实施前后，利润表的样式有所不同，其样式分别如下。

新会计制度实施之前的利润表：

利润表

编制单位：　　　　　　　年　　月　　　　　　单位：元

项　目	行次	本月数	本年累计数
一、营业收入	1		
减：主营营业成本	2		
主营营业税金及附加	3		
	4		
二、主营业务利润	5		
加：其他业务利润	6		
减：营业费用	7		
管理费用	8		
财务费用	9		
	10		

(续表)

项　　目	行次	本月数	本年累计数
三、营业利润	11		
加：投资收益	12		
补贴收入	13		
营业外收入	14		
减：营业外支出	15		
	16		
四、利润总额	17		
减：所得税	18		
	19		
五、净利润	20		

新会计制度实施以后的利润表：

利　润　表

编制单位：　　　　　　　　年　月　　　　　　　单位：元

项　　目	本期金额	上期金额
一、营业收入		
减：营业成本		
税金及附加		
销售费用		
管理费用		
财务费用		
资产减值损失		
加：公允价值变动收益（亏损以"-"号填列）		
投资收益（亏损以"-"号填列）		
其中：对联营企业和合营企业的投资收益		
二、营业利润（亏损以"-"号填列）		
加：营业外收入		

(续表)

项　　目	本期金额	上期金额
减：营业外支出		
其中：非流动资产处置损失		
三、利润总额（亏损以"-"号填列）		
减：所得税费用		
四、净利润（亏损总额以"—"号填列）		
五、每股收益：		
（一）基本每股收益		
（二）稀释每股收益		
企业负责人：　　主管会计：　　制表：　　报出日期：　　年　月　日		

一、如何制定利润表

利润表目前来讲有两种：一种是我们新会计制度实施以前的利润表，另一种就是新会计制度实施以后的利润表。因为有的企业还在做新会计制度以前的利润表，所以这两种情况我都给大家说明一下。

我们先看一下新会计制度实施以前的利润表，它要求填本月数和本年累计数。我们可以通过凭证汇总来做利润表。

先举一个例子。比如我们要做2018年9月的利润表，主营业务收入的本月金额是企业9月所发生的收入，本年累计金额是2018年1月到9月一共发生的收入。以此类推，我们的主营业务成本、费用等所有利润表上反映的科目，涉及本月金额的就是9月当月发生的数据，涉及本年累计金额的就是1月到9月发生的所有数据。那么，当我们做10月、11月的报表都是一样的道理。本月数就是指当月发生的数据，本年累计数就是指1月到10月或者1月到11月一共发生的数据。这其中比较特殊的是1月，1月的本月数是1月发生的数据，它的本年累计数和本月数是相同的。

这就是新会计制度以前的利润表，或者叫损益表。只要我们把意思理解透了，根据凭证汇总出当月发生的数据，这些科目就都能体现出来了。

新的会计制度的利润表中出现了新的要求，那就是本期数和上期数。很多人对这两项存在一些困惑。那么，这两项究竟应该怎么填呢？比如说同样是2018年9月，同样以主营业务收入项目为例，我们所要填的本期数就是本年1月到9月所有发生的数据，也就是说，2018年1月到9月一共发生了多少收入，我们都填上去。上期数则是指上一年即2017年的1月到9月一共发生的收入。这就是新会计制度以后我们要填的利润表，它与旧的利润表的差异性就表现在本期数和上期数这里，至于后面的成本费用等都没有变。这些损益类的科目是不变的，变化的是它要求提供的数据。新的利润表要求将本年内到本月为止发生的数据和上一年同期作对比，看看企业的经营状况的变化。这是新会计制度实施以后的利润表变化比较大的方面。

之前很多人对数据时间点的取值都不是很清晰明白，会有很大的困惑，但理解了这个表之后就不会再感觉难做了。

目前来讲，有些地方要求提供新会计制度实施以后的利润表，有的地方还是用新会计制度实施以前的利润表。这就是我对利润表或损益表所做的一个解读。

从原始单据到记账凭证再到凭证汇总，这个过程我们一定要理解得非常清楚。其实，只要我们对业务理解清楚了，这两个表做起来就不难。也就是说，还是要落实到实践中去，实践于我们来说对业务的理解非常重要。如果我们一味地追逐理论，就会脱离实际，变成纸上谈兵。脱离了对业务的理解，任何东西理解起来都会变得很困难。光有理论，光记住概念，理解起来是不可能清楚的，只有对业务的这个过程理解了，再来看这两张报表就很清楚了。

二、如何分析利润表

我们详细看一看表中每个科目的数据所涉及的税源，以及企业可以从哪些业务行为上进行管理控制以达到合理避税的效果。

（一）主营业务收入

如果把前几章所讲的税务和账务理解清楚了再来看这份利润表的主营业务收入，就可以看到主营业务收入会涉及的税收有可能是营业税，有可能是增值税，也有可能是消费税。因为这些税种的计税基数都是主营业务收入，只是因为行业不同而产生不同的税种。我们知道收入的产生会直接导致这些税收的产生，那作为企业，在业务收入产生之前，就要考虑到税收的产生。如果业务的发生使企业无法承受其税收压力，就应该在业务发生之前控制该业务发生的行为。即是说，企业应该对那些加上税收就毫无利润空间的业务不予考虑。否则，忽略税收而怀着侥幸心理成交业务，就会令企业面临极大的税收风险。

另外，从上面的讲述中我们可以看到，不同行业的收入会产生不同的税种，而不同的税种又会有不同的税率，这些税率有高有低，因此企业就有了合理避税的空间。例如，有一家KTV，我们知道娱乐业消费者也会消费烟酒饮料等，如果这些都含在娱乐收入里，就会给企业增加很大的税收压力。这时，如果企业能把业务细分出来，经营的业务范围既有娱乐，也有零售，那么涉及销售烟酒饮料部分就可以分开核算，可以只按增值税来核算缴税了。我们不妨用数据来说明一下，假设企业一年销售烟酒60万元，如果分开核算的话，增值税税率为3%，60万元销售所缴纳的增值税才1.8万元。这就减轻了很大的税收负担。

由此我们可以看出，企业一定要关注自身业务发生的行为，熟悉报表数据，熟悉税收的源头，才能做到合理回避税收压力。

（二）主营业务成本

该项目数据的产生，直接涉及的就是企业所得税。前面在讲企业所得税的时候，我曾经说过，企业所得税有两种征收方式，一是查账征收，二是核定征收。

查账征收企业所得税的企业，是核算出企业的利润以后，再根据利润多少，乘以企业所得税率来征收的。而利润的得出就是企业的收入减去费用成本。那么，准确如实地反映企业的费用成本，就变得非常重要。如果企业在费用成本发生后，不重视取得合理合法的原始单据的行为，就很难正确核算出企业的实际利润，这样查账征收的企业就会增加税负。从这里我们可以看出，规范企业的业务行为，取得规范的原始单据是极其重要的。

对于核定征收企业所得税的企业，有两种核定方式：一是根据收入核定，这样的企业确保收入的如实反映是特别重要的，不能虚报隐瞒收入，否则税务风险就会很大；二是根据成本费用核定，这样的企业所得税的核算是根据每月发生的成本费用为计算所得税的依据。或许很多企业不理解，成本费用是支出，都支出了，为什么还要征收税款？大家不妨想一想，如果企业没有产生收入，怎么有钱支出呢？所以，对于根据费用成本核定征收的企业，确保主营业务成本、经营费用、管理费用、财务费用的真实准确核算就非常重要了，否则这些数据都会给企业带来税收风险。

其实，利润表并不复杂，对于中小企业来说，主要就是收入成本费用，它直接关系到了几大重点税收：增值税、消费税、企业所得税，这些重点税收又延伸出其他的附加税费，所以作为中小企业老板，大家一定要把你的利润表搞清楚，并确保企业利润表里所有的数据发生的业务行为都是真实可查的，这样才能避免企业的税收风险，防患于未然。

解读现金流量表

刚从学校毕业的学生和刚做会计的很多人，包括一些企业的老板，大都觉得现金流量表是比较难做的。那么，这些现金流量表究竟是怎么做出来的呢？我在这里跟大家解说一下。

现金流量表是通过企业的明细账制作的，而明细账是要根据原始单据做记账凭证，最后将明细账里面的数据汇总到现金流量表里去。假如做不清楚明细账，那么企业的资产负债表、利润表的业务数据具体是怎么来的，你也不会清楚。

我们一定要把过程弄明白了，这样一切才会清楚起来。我说的这个过程就是指从原始单据到记账凭证，再到凭证汇总，最后到报表的整个过程。报表指的是资产负债表和利润表这两大报表。首先要把业务理解透，然后再来看现金流量表，那时这个表对于你来说就一点儿都不难了。记住，我们要从明细账里面找发生的数据，所以不要脱离这个根本。

虽然企业的账务通常会全部扔给会计或者扔给财务代理去做，但是我建议，中小企业老板还是应该了解清楚企业的原始单据、数据汇总到报表的整个过程，一定要把数据源自哪里搞清楚。只有把这个问题理解清楚了，财务做出来的报表你心里才会踏实；看到发生了什么数据，你才能知道它反映的是什么意思。只有把数据是从哪里来的搞清楚，你才能理解这些会计报表和它的日常流程。其实这些东西都很简单，但是你不去了解的话，就会觉得特别难。

看现金流量表也是一样，没有依据的时候，你当然会看得一头雾水，因为你根本不知道那些数据是怎么发生的。所以，千万不要在地基都没打好的时候就想着盖高楼，我们一定要一步一步地来，先把业务的过程环节搞清楚，再回过头去理解现金流量表。

现金流量表主要是根据企业的明细账进行数据统计的，但是我经常会遇到这样一些学员，他们连资产负债表和利润表都没搞清楚，也不知道数据是怎么来的，就想学做现金流量表。我就告诫他们，他们首先要做的不是制表，而是要把数据、原始单据、记账凭证是怎么到账本的来龙去脉弄清楚，只有这样，才能开始做现金流量表。如果基础都没有打好，想一上来就学做现金流量表，那只能是建空中楼阁。

总之，我们在做现金流量表之前，先理解它的流程：企业从原始单据到记账凭证，再汇总到凭证汇总，最后做成财务报表。大家理解了这个过程以后，再通过财务报表来看每个科目涉及的税务问题和知识，就能从报表的数据中敏锐地察觉到，哪些项目会因它数据的大小而引起关注，哪些是需要我们特别重视的，以及可能会涉及的具体的税务问题。

如何从财务报表中看经营

通常对同一件事物,每个人会有不同的看法,因为每个人所站的角度不一样。实际上,同一份会计报表,从不同的角度去分析,其理解也会不一样。报表使用者可以把利润表与资产负债表中的信息相结合,进行财务分析并及时了解企业资金周转情况及企业赢利能力和水平,从而判断企业未来的发展趋势,作出经济决策。

一、从企业管理的角度

通常企业管理者要考虑的事情会很多,不仅要考虑企业的营业收入,还要考虑企业的成本费用。企业管理者可能会关注报表反映出的企业的各种问题,比如:企业各方面能否协调发展?流动资产和非流动资产的比例是否恰当?现金周转情况好不好,变动原因是什么?应收账款、存货的规模与结构是否合适?负债规模与变动是否合理?可以说,企业管理者对财务报表上的每个数据都应该很重视,无论哪个环节失调都会对企业的经营管理造成不利影响。所以说,财务报表对企业管理者的正确决策是相当重要的。

二、从投资者利益的角度

作为一个投资者,最关注的是企业的净利润,也就是企业最终获利能力。所以,投资者可能会侧重于看企业的利润表,因为利润表可以用来分析企业的获利能力。另外,投资者不参与企业具体的工作管理,他关心的是自己的投资回报,所以也会重视企业的资产与负债状况。一个资不抵债的企业，就算有利润，投资者也是不放心的。

三、从稳健发展的角度

如果要分析企业的发展如何，那就得认真研究报表的变动情况，通过比较一些纵向数据的变动情况，来了解企业的发展是否稳健。我们可以通过分析资产负债表的"期末数和年初数"和利润表的"本月数、本年累计数、上年累计数"或"本期金额、上期金额"来洞察一切。例如，通过分析比较利润表中的本年连续两个月或两个月以上的列报"本期金额"，可以找出近期利润的差额，从而反映企业年度内不同期间利润的差别，以便掌握企业本年内的经营发展趋势，揭示近期影响利润实现的相关因素，趋利避害。我们还可以通过"本期金额"与"上期金额"的比较，找出本年与上年同期利润的差额，从而反映年度间的经营发展趋势，便于根据本年与上年影响利润实现的相关因素进行分析，采取积极措施使企业更好地发展。

另外，我们也可以通过营业收入增长的幅度以及成本费用的控制情况，来分析企业的发展是否稳健。如果收入增长缓慢，成本费用却快速增长，这就得引起高度重视，企业决策者就要及时对企业的经营管理方法进行修正和改进。

四、从合理分配的角度

企业经营成果的分配是一件很重要的事情。如何合理分配，这当然要根据企业的财务状况来分析决策。《公司法》中规定了关于企业利润分配的程序。除了遵循该法的规定外，企业在研究如何分配时，一定要好好研究企业财务报表。要分析企业的流动资产，看看货币资金是否充足。这其中除了要考虑利润分配所需的货币资金，还要考虑企业持续经营所需的流动资金，以及应收账款的具体结构与变动情况是否良性，存货规模是否合理。另外，要了解清楚固定资产规模的状况和企业关于固定资产的计划，还有企业的负债规模和具体情况如何，根据综合财务指标来分析利润分配的比例怎么定，留多少未分配利润更有利于企业的发展等问题。

只有认真周全地分析了企业的整体财务状况，才能合理地制定出分配方案，如果不权衡好这些具体的财务指标而盲目地进行分配，就可能会给企业经营造成一些不必要的困难。

根据《公司法》相关规定，企业利润分配的程序如下：

1．提取法定盈余公积

法定盈余公积按照本年实现净利润的一定比例提取，公司制企业（包括国有独资公司、有限责任公司和股份有限公司，下同）按净利润的10％提取；其他企业可以根据需要确定提取比例，但至少应按10％提取。企业提取的法定盈余公积累计额超过其注册资本的50％以上的，可以不再提。

2．提取法定公益金

公司制企业按照本年实现净利润的5％～10％提取法定公益金；其他企业按不高于法定盈余公积的提取比例提取公益金。企业提取的法定公益金用于企业职工的集体福利设施。

3．提取任意盈余公积

公司在提取法定盈余公积和法定公益金后，经股东大会决议，可以提取任意盈余公积。但如果股份有限公司发行优先股，则必须先分配优先股利之后才能提取任意盈余公积。任意盈余公积的提取比例由企业视情况而定。法定盈余公积和任意盈余公积的区别就在于其各自计提的依据不同。前者以国家的法律或行政规章为依据提取，后者则由企业自行决定提取。

4．向投资者分配利润或股利

公司弥补亏损和提取盈余公积、法定公益金后的剩余利润，有限责任公司按照投资者的出资比例向投资者分配利润；股份有限公司按照股东持有股份比例分配股利。

企业如果发生亏损，可以用以后年度实现的利润弥补，也可以用以前年度提取的法定盈余公积弥补。企业以前年度亏损未弥补完，不能提取法定盈余公积和法定公益金，在提取法定盈余公积和法定公益金前，不得向投资者分配利润。

资本公积和实收资本没有变化，但资本公积和法定盈余公积金按法定程序可以转增资本金，这种情况下，实收资本可以增加。

第五章

完善企业财务管理制度

一个完善的财务管理制度或财务管理方案对企业来讲是必不可少的。但是有些中小企业主,特别是刚接触财务或者刚创办企业的老板,因为觉得自己的企业一定要有一套财务管理制度,所以就从网上下载了一个其他企业的制度或模式。其实每一家企业的制度都应该有自己的个性,必须根据自己企业的具体情况来定。也就是说,企业不同,相应的财务管理制度也应该不同。

○ 了解企业财务管理制度

一、制定财务管理制度时需注意的问题

一个完善的财务管理制度或财务管理方案对企业来讲是必不可少的。但是有些中小企业主,特别是刚接触财务或刚创办企业的老板,因为觉得自己的企业一定要有一套财务管理制度,所以就从网上下载了一个其他企业的制度或模式。其实每一家企业的制度都应该有自己的个性,必须根据自己企业的具体情况来定。也就是说,企业不同,相应的财务管理制度也应该不同。比如企业公章、财务章的保管,有的企业财务章和私章是老总或者副总在保管,有的企业是财务人员在保管。这就是根据企业具体情况而制定不同的制度。

企业其他相应的配套制度也要根据具体管理情况和具体的条件来定,而不是看别人有什么管理制度就照抄照搬,这样的制度就失去了它应该发挥的作用。我见过很多企业在制定制度时,相关人员都会说:"我们老板叫我写个制度,能不能把你的企业的制度给我看一下?"

这个要怎么看呢?一家企业的制度给另一家企业照抄照搬,这样肯定是行不通的。因为一家企业配备的人员和软硬件条件,另一家企业不一定有,如果照着别人的企业直接搬过来,制度就失去了意义。这个观点大家一定要明确。

目前很多中小企业制定出来的财务管理制度,一点儿实际执行的意义都没有,

> 一家企业配备的人员和软硬件条件,另一家企业不一定有,如果照着别人的企业直接搬过来,制度就失去了意义。

完全是一个摆设。要知道真正起到作用的制度，一定要结合企业的实际情况来制定才可以。企业的各项制度制定，不是用来给别人看的，而是要真正落到实处，能够真正帮助企业起到制度管理的作用，否则就会形同虚设，毫无意义。

企业除了财务制度，还要有一些配套管理制度，包括库房的管理、固定资产的保管、人事管理制度等，都要结合企业的具体情况来具体制定。这些制度制定的条件，就是我们要懂得企业所有相关业务的重要性，以及它们的意义。

因为企业制度是用来把控企业风险、约束企业员工行为的。要想起到这个作用，就要先读懂前面所有章节的内容，什么样的财务行为会导致什么样的后果。不过，我们了解了税务和账务方面的内容之后，还要了解其他方面的信息。比如在人事制度方面，我们要了解国家有哪些相关规定，对企业的行为有什么要求，这样才能更好地管理企业各方面的经营行为。

二、做到财务管理心里有数

企业要经营业务，就会产生各项业务的收和支，相应会产生业务发生的原始单据，有了原始单据，财务人员就要做凭证、记账、做出报表。作为财务管理的重要内容，我们一定要了解企业应具备的一些证件、保管的一些资料和办事的一些流程，做到心中有数。

其实，要想了解企业的所有证件、执照，最好的办法就是看企业的原始单据、凭证报表，熟悉企业发生的所有业务。

一家企业有了营业执照、银行基本账户、组织机构代码证、税务登记证等以后，就可以开始正常经营了。企业一旦正常开始经

第五章
完善企业财务管理制度

营，就会有一些费用、开支、收入，从而发生很多进进出出的原始单据。财务人员要具体做的工作，就是通过原始单据来完成记账凭证、凭证汇总、做出报表，这就是一整套会计流程。

> 财务人员要具体做的工作，就是通过原始单据来完成记账凭证、凭证汇总、做出报表，这就是一整套会计流程。

在此我要强调的是，无论是站在企业管理的角度，还是站在财务的角度来说，营运过程的一些基础内容我们是必须了解的。营业执照的功能，银行基本账户、组织机构代码证、税务登记证、公章支票、发票制度和财务的流程，是保证企业正常经营的一个基本条件。也就是说，如果企业的这些内容你不知道，而只顾去开拓业务，可能就会造成各种各样的后顾之忧，不是工商局来"找你麻烦"，就是税务局来"找你麻烦"，一会儿这个证件过期了，一会儿那里发票又出了问题。

所以，对于企业涉及财税管理方面的常识性问题，一定要做到心里有数。哪个环节具体要去做什么，一定要很清楚地弄明白。只有掌握了这些以后，才能够不用操心后方的管理，才能一心一意地开拓业务，才可以勇往直前，无后顾之忧。

如果你是一个私营企业主，那么我建议你最好能在拿到营业执照之前，就把这些东西了解清楚，这样你自己心里也能踏实许多，而且还能非常清楚企业这时该请什么样的人做财务，该请什么样的人做管理。另外，正如我们前面提到的，一旦企业的后方稳定了，再开拓起业务来也会没有后顾之忧。就像打仗一样，"兵马未动，粮草先行"，这些财务问题就等于是企业的大后方，这些粮草你配足了，就会心里有数，做事情就会顺利得多。

规范企业财务管理的关键

一、远离"两套账"的危害

很多企业会做所谓的"两套账",那我们就看看"两套账"到底有没有意义。我们既然做账,目的当然是为了如实反映企业账务。但是有的企业会说,因为税务局是会来查账的,所以我们做两套账就可以避免税务风险。

实际情况真会如此吗?其实站在企业的角度看,两套账是没有意义的,它不但不会帮助企业避免风险,相反还会给企业增加风险。

很多企业做两套账的目的首先是隐瞒实际收入。企业的收入该如何界定,前文我们已经具体论述过了。税务局查账的时候,不可能只查你企业开具的发票,因为企业开出的所有发票包括其金额有多少,从税务局的电脑系统里都可以查到,税务局根本不需要去看企业账上的发票收入。所以,税务真正要查的是发票以外的,可能涉及收入的单据、合同等相关资料。如果大家理解了这一点,就应该明白企业做两套账是毫无意义的,除非你可以把那些收入的蛛丝马迹全都隐藏起来,但按照这个逻辑,既然能把要查的地方都完美隐藏起来,那又何必要另外做一套账呢?难道还要核算一下企业到底偷逃了多少税款吗?

> 两套账是没有意义的,它不但不会帮助企业避免风险,相反还会给企业增加风险。

有些企业明明收了钱,但因为没有开具发票,所以就觉得可以做两套账,即开了发票的做上账,不开发票的我们放在一边不做账。那我想请问大家,既然税务局查账不仅仅查发票的数据,还要

第五章
完善企业财务管理制度

审查其他的数据,那么你这两套账又能隐瞒些什么呢?

有的企业就说:"我会设一个基本账号做账给税务局查,另外设一个普通账号,不做在给税务局查的那个账里面。"

我已经告诉过大家,现在如果税务局想查你的企业开了多少账号,很容易就能够查得到。因为企业在银行开户的时候,银行会要求每一家企业开户都必须有一个开户许可证。有了开户许可证,企业开了基本账户并在中国人民银行备案以后,该企业开的所有普通账号,都会在中国人民银行有备案。所以税务局只要去中国人民银行调出资料,企业的所有资金往来他们都可以查得到。在这样的情况下,企业在其他账上收到的钱,如何隐瞒得了?

另外,我在这里纠正一个观点,那就是在报税的时候,不是以发票的金额,而是要以企业实际收入的金额来报税。发票金额肯定是少于或者等于企业实际收入金额。有一些企业,可能它所有的收入都开了发票,但是很多企业的部分收入是没有开具发票的。所以,发票上的数额肯定是少于或等于企业的所有收入金额。

不要小看这一点,我认识的很多老板都以为报税就是按发票金额来报。就因为有这个误区,很多企业出现了所谓一套账、两套账。有发票的才报税,没发票的不报税。这样做对企业的风险是非常大的,税务局随时过来查,企业随时都会有问题!

对于企业的实际收入,税务局除了通过银行查往来账,还可以查企业所签的买卖合同。除此之外,税务局还会拿同行业内与所查企业规模大小相同的企业来做对比,看另一家企业是怎么申报的,然后拿它们两家的纳税金额做对比,以此来核对企业是不是实报了收入。

在跨过了"收入是根据发票金额来确认的"这个误区,了解了税务局核算企业收入的方法后，我们就知道了，做两套账是完全没有必要的，不仅没有用处，还增大了财务风险。

另外，很多企业是由两套人马在做账，一套人马是做报给税务局的那套账，另一套人马是做不报给税务局的那套账。企业请来做账的这些人都知道企业偷税的事情，这其实也是一种税务风险。所以，企业做两套账也加大了企业中的管理风险。

有些人说："别人都在做两套账，我也要做。"但是别人做你也跟着做是不是就代表两套账合理合法，就没有风险了呢？我认为，不管做什么事情，一定要知道自己为什么去做，这个事情会有什么后果，这个后果自己是否能够承担得起。如果你自己连这些风险和后果都不知道的话，又何必去做呢？所以我再一次强调，千万别看到别人做了两套账你也去做，税务局稽查的时候，假如被查到了，别人是不会来替你承担风险的。

其实，做两套账就相当于一个人在撒谎，撒了一个谎之后可能需要再说十个谎来圆第一个。即使当时不被拆穿，往后谎言越说越大，也必然会被人识破。

我从事会计工作20多年，接触过无数企业，我从来不做两套账。而且，我会跟企业相关人员做好沟通，跟他们讲清楚两套账的风险，说明白其中的道理。我接触的这些企业一般都能接受我的建议，不再做两套账。有的企业以前也曾经做过两套账，但听我讲过之后都不会再继续。财务人员一定要跟老板讲清楚这一点，作为企业老板肯定是希望企业的风险小一点儿，这样他的注意力才能够放在安安心心地做生意上面。

二、避免"抽逃注册资金"

前面我们也提到过抽逃资金，这里再具体说明一下。为什么会出现抽逃资金，就是因为很多企业在开创之初，希望营业执照上反映的资本大一些。比如营业执照上反映企业的注册资金是50万元或100万元，但是企业实际上根本没有这么多钱，当初企业成立时的资金都被挪走、转移了。这就形成了我国中小企业目前面临的最大一个问题，即"抽逃资金"。

其实，现在我们国家的注册门槛已经比较低了，3万元钱就可以注册公司。但是有的企业老板不清楚这一点，以为还要50万元、100万元才能注册。另外，一些企业老板为了使自己的企业看起来实力雄厚，就在注册公司的时候找别人借钱，或者找代理注册。

找代理注册的时候，代理会给企业垫资。比如先垫50万元，但是这50万元很快就会被转走，因为是代理注册，所以不可能帮企业注册完了，钱还一直留在新注册企业的账户上。所谓代理注册就是代理拿钱出来帮企业注册，等营业执照发下来，他们就把钱转走。然后，企业老板就会自己动手或者找一个会计想办法把这个账做平。

在这里，我要提醒大家的是，如果你的企业是抽逃资金，那么无论你找多高明、多有经验的会计师，也没办法给你摆平。因为工商局只要查一下你的银行对账单，看看转到基本账户的钱后来转到哪里去了，就知道你是不是抽逃资金了。正常情况下，企业的实收资本肯定是用在企业的经营发展上的，所以工商局只要查查你的银行对账单，看资金流向哪里，看它的用途，就知道你的钱是不是抽逃了。

有人问，如果我们在账上反映这笔钱是老板借走了或者股东借走了，行不行呢？我可以明确地回答你：不行，这样做是没有意义的。因为我们投资进来的钱必须用于企业的经营发展，假如说没有用于企业经营发展的话，这笔钱就属于抽逃资金。

要想证明不是抽逃资金，唯一的办法就是拿出业务发生的证据。拿不出证据，就算请再高明的会计也是解决不了的。所以说，只要你抽逃资金了，你的企业就面临着很大的风险，工商局就会查你、罚你。

我在深圳碰到过两三家抽逃资金的企业，它们是在工商年检执照的时候被查到的，企业面临的就是罚款，没有条件可讲。有的企业老板不懂财税管理，他不清楚抽逃资金是不规范的，还以为是很正常的行为。作为财税人员，就一定要告诉企业老板，抽逃资金的行为的风险在哪里，告诉他们这样做的后果。

特别是对于初创期的中小企业来讲，万一被查到，罚起款来可能会把整个企业拖垮。我就见过一家企业，3万元钱的注册费也要找别人垫资。他们以为注册的事情找一个代理帮忙就可以了，连验资之类的事情代理公司也都可以代理，这样一来自己也就省得来回跑，让代理去办就行了。结果他们跑来听了我的讲座之后，意识到麻烦了。

很多企业的人都以为这是很平常的一个手续，代理会把这一套程序都做好，但他们不知道抽逃资金会被罚款。他们问我那该怎么办，我说："你已经抽逃资金了，我也是没办法的，查到了肯定是要罚款，只能祈求不要查到你吧。"

我反复强调，抽逃资金一旦被查到了罚款会很重。但具体的处理情况就要看工商局的灵活性了，企业在这方面肯定是被动的。这就像小偷偷了人家东西，即使最后小偷又把所偷的东西还了回去，但偷盗行为已经产生了。罚款惩罚的是这个行为本身，至于说主动认错、表现良好的话，人家有可能会减轻惩罚，但那也是人家说了算的。作为小偷来讲是很被动的，做主的是别人。

所以，我奉劝企业老板们最好还是不要去找这样的麻烦，因为它会引来一系列问题。你说自己愿意承担这个风险，但你明不明白承担这些风险的严重后果？如果你连后果也不知道，万一真出现问题，就只能傻眼了。

账务处理常见的重点和难点

一、如何建账

很多会计新人和企业老板都觉得建账是个大事，他们经常会问我这方面的问题。其实我们不用把它想得过于复杂，建账的目的是为了给企业提供必要的财务信息，最终还是为了满足企业管理的需要。可以说，当企业拿到了营业执照之后就开始了第一笔业务，也就是股东所投入的股本必须先存到银行，成为我们的实收资本。所有的企业，不管大企业还是小企业，第一笔业务都是相同的，都是实收资本。

在财务上把实收资本这笔业务投进来的钱处理了，建账也就随之开始了。这里有两个科目，银行存款和实收资本，也就是说，建账时要做一个银行存款增加，一个实收资本增加。按财务专业的话来讲，就是借方一笔，贷方一笔，两边要同时增加。银行存款增加了，实收资本也增加了，企业的账就建成了。

那么，一般来说，我们需要设置哪些账目呢？

首先，银行存款至少要有一本银行存款的日记账；其次，实收资本就需要明细账；再次，有了明细账之后，我们还要有一个总账；最后，我们要是把银行的实收资本再取出来使用，就是提现，那么又多了一本现金日记账。这样，企业的四个基本账就都出来了。无论哪一个公司都是这样开始的，至于我们所说的，还有其他的明细账，如固定资产明细账、销售明细账、库存明细账，这些都要发生了业务才会建账。

有人问，建账之后的账又该怎么做呢？那就要看企业的钱怎么用，用到了哪里，或者从哪里收进来的。有的是去买材料，有的是去做企业装修，有的是购进固定资产，每一家企业都不同。总之，企业发生了什么业务，就做出相应的业务处理。如果没有业务发生，钱就放在银行不动，同样也就没有相应的账务处理。只有发生了业务，才需要做凭证。

二、如何进行成本核算

工业企业的成本核算也是让很多企业老板和会计新人比较烦恼的一件事，其实它并不难，只是过程比较烦琐一点儿。不少专业教科书上讲了很多理论，听得人云山雾罩的，就是不知道具体是怎么回事，感觉很抽象。所以，我们在这里重点看一下，具体落实到业务流程里，该如何做成本核算。

工业企业生产首先要买原材料进来，买进原材料当然会产生原材料费用，车间发生的费用是制造费用，还有一个是人工费用，这三大块核算到成本里面就是成本核算。但这三大块是如何核算到生产成本、产成品成本以及销售成本里的呢？

首先，我们看生产成本的核算。我们在买进原材料的时候肯定要有材料的发票单据，无论采购进多少数量和品种的原材料，都会有单价、数量进到账上，这些就是原材料账，是必须记录清楚的。

要想知道原材料怎么核算到生产成本，就要知道生产成本需要的是什么。生产成本需要的是当月领用的原材料数量。领用了多少数量，具体用到了哪里，这些数据都需要到车间去落实。

好多人问我，到底要到哪个库房去落实呢？这就要看在你的企业内，原材料由库房发到车间这个部分是谁在管理。归谁管，谁就具体知道用了多少数量，另外，财务也要去跟负责这一部分的人核实，做到账实相符。也就是说，要做到账上的数量跟管理的实际数量相互吻合。只要我们了解清楚每种材料各领用了多少数量，再乘以进材料时的单价，就可以把这笔费用转到生产成本里了。

那么，制造费用又如何转到生产成本里的呢？

假如我们有 A、B、C 三个产品车间的话，在做制造费用的时候，最好做三级明细账：制造 A 发生了多少费用，制造 B 发生了多少费用，制造 C 发生了多少费用。如果我们能分清楚的话，应该在账务开始就把它们分清楚。但是如果分不清楚，就只能做总的制造费用，然后将它的明细归纳到 A、B、C 三个产品下面。A、B、C 的制造是需要工时的，每个产品用了多少工时，我们就问车间要工时。然后用工时的比例乘以制造费用，这样制造费用就转入了生产成本。

至于人工费用就更好说了，制造 A 产品用了多少人工，制造 B 产品用了多少人工，制造 C 产品又用了多少人工，都可以直接将人工费用转到生产成本中来。有人可能会说："我们自己也分不清楚人工。"比如一个产品车间里生产了好几种产品,那要怎么办?那我们就要用工时比例来分配人工。

下面我们看一下产成品成本的核算。我们到一个工业企业,首先要了解这个企业生产的产品的材料结构。比如一台笔记本,它的材料就有很多。最起码有键盘、零部件、元器件等。再比如空调,它都是由各种材料组合而成的。到一个生产型的企业,一定要先了解清楚一套产品需要多少个零部件。把这些弄清楚之后,每个月再到车间去记录数量,弄清楚这些零部件各领用了多少,然后再进行生产成本的分配。生产成本分配出来之后,到月底根据产品的数量,就可以计算出产成品成本。

知道了产成品成本,接下来就可以看销售成本了。产成品做出来之后就在库房等待销售,卖了多少,我们就从产成品成本里面划出相应的部分,直接结转为销售成本。

我们可以看到,这个流程是很清晰的,工业企业的会计核算并不像大家想的那么复杂。就算企业有一百个产品、一千个产品,它的核算道理也都是一样的。只不过工业企业的核算环节比较麻烦,如果在核算的时候弄错了任何一点儿数据,那么这个会计核算就不准确了。所以,归根结底,我们做会计一定要细心,要能静下心来核算才可以。

我知道很多人很讨厌核算,看到一堆单据就头大,有抵触情绪,不愿意好好做。包括我所接触过的一些会员企业,他们的会计对这一类的核算也很反感。很多时候他们都是一拿到许多单据,就找我求助。我对他们说:"你不是核算不清楚,你是没打算核算。"大部分情况下,他们都希望我能直接帮他们核算出来,告诉他们某产成品的成本具体是多少。

第五章
完善企业财务管理制度

每次看到有人说自己不会核算的时候,我就会问那个人,到底知不知道核算的步骤。我得到的回答基本上都是,知道怎么去核算,但就是不想着手去做。

有人问我,这个核算有没有一个快速、便捷的途径,或者能不能把这个环节去掉直接得到核算结果。我想这个好像没有办法,会计就得一笔一笔地去核算,如果省略掉这些过程直接得到结果,我们怎么保证会计核算的精确度?另外,我们做会计要核算的是数据,如果数据不准确,那么会计的核算也是没有意义的。

所以,现在大家最大的问题不是不会核算,而是懒得去核算。核算到底难不难,其实我前面写的那些环节已经非常清楚了。只要拿到单据,就可以核算,即使是我们平时觉得最难的工业企业成本的实际核算,其过程也是非常清楚的。

> 我们做会计要核算的是数据,如果数据不准确,那么会计的核算也是没有意义的。

至于销售企业的成本该如何核算,就更简单了。把买进来的东西放在库存里,等卖出去的时候,再从库存里转出来,就是销售成本。

那么,服务行业的营业成本呢?简单来说,在企业主要用于营业的资金当中必须用到的部分,就是它的营业成本,可用不可用的部分就是费用。比如卖电脑的经销商,必须先买进电脑,那么买进的电脑所花费的资金就是成本。至于雇不雇人,雇几个人卖电脑,这些花销都属于费用。因为一个人也是卖,再雇一个人也是卖,这些都算在费用里。同样的道理,餐饮业的成本就是食材。做饮食一定要买食材,没有这些东西你就不可能卖吃的给客人。在主要收入上,必须用的材料就算作成本,可要不可要的材料就是费用。

以上就是做成本核算需要知道的业务的环节和流程。只要我们了解、熟悉了这套流程，以后无论再做其他任何一个行业的成本核算，就都会做了。

第六章

做好财务人员的任用

企业在招聘财务人员的时候，重点要看这个人能不能脚踏实地做事，是否是真的来帮企业做事的，可以按以上标准去要求求职者，看求职者是否能接受。

作为中小企业任用财务人员，其品行、工作态度，比经验和职称更为重要。

○ 如何看财务人员的品行和工作态度

作为初入职场的财务人员，应做到以下几点：

第一，严格的时间管理，比如每天提前15分钟到公司，准备好上班要做的文件资料。

第二，不占公司的便宜，时时处处为公司的利益着想，能够牺牲自己的时间去工作，而不是牺牲工作时间去做私事。

第三，出门办事尽量提前规划，出门一次要处理尽可能多的事情，而不是出去一趟只办一件事情。尽量提高工作效率，而且即便在外办完事晚了也最好能回趟公司。

第四，对待同样的事情，要求自己这次比上次做得更好，且质量更高。

第五，常常问自己为公司创造了多少，而不是公司应该给我多少。

第六，同事无论上级还是下级要求你协助的事情，都全心去做，不是抱怨而是欣然接受，并且做好。

第七，每天下班前想想自己第二天的工作安排，准备好第二天要工作的所有资料。

第八，每周写好新一周的工作计划和安排。

第九，多做事，少指挥；多观察，少闲话。放低姿态，虚心学习，换位思考，与人为善。

第十，会计人员应当保守本单位的商业秘密，除法律规定和单位领导人同意外，不能私自向外界提供或者泄露单位的会计信息。

我们知道，会计人员由于其工作性质的原因，有机会了解到本单位的重要机密。对于企业来说，关键技术、工艺规程、配方、控制手段和成本资料等都是非常重要的机密，这些机密一旦泄露给明显的或潜在的竞争对手，会给本单位的经济利益造成重大的损害，而且这对被泄密的单位是非常不公正的。所以，泄露本单位的商业秘密，是一种很不道德的行为。会计人员应当确立泄露商业秘密是大忌的观念，对于自己知悉的内部机密，任何时候、任何情况下都要严格保守，不能信口吐露，也不能为了一己私利而向外界提供。

所以，企业在招聘财务人员的时候，重点要看这个人能不能脚踏实地做事，是否是真的来帮企业做事的，可以按以上标准去要求求职者，看求职者是否能接受。

如何看财务人员的技能

陆游有诗云："古人学问无遗力，少壮功夫老始成。纸上得来终觉浅，绝知此事要躬行。"

我经常听到有人在说："我没会计证，所以我不能做会计。""我没职称，所以我不能做财务经理。""我不会电算化，企业不用我。"但是你有没有冷静下来仔细想过，你是否努力过从点滴开始积累呢？万丈高楼平地起，滴水才能汇聚江海，这些道理很多人都明白，但为什么到了我们真正从事工作的时候，就不去想想这些道理呢？会计工作最基础的就是简单的重复工作，但没有这些一张张单据的积累，我们又如何得到和解读所有的报表数据呢？诚然，我们面对这些简单的工作、枯燥的数据，很难保持长久的激情，但恰恰是因为能坚持这种简单枯燥的重复，我们才能日复一日地积累经验，从而使我们脱颖而出。

这些坚持都与职称无关，与财务软件无关。要想成为出色的会计，就要把全部的执着投入简单枯燥的积累中，发现其真谛，饱含着对工作的全部热情悟出道理，让会计工作变得不再枯燥，变得丰富和游刃有余。

所以，老板在招聘财务人员的时候，应该了解清楚你面试的求职者，他到底有没有手工做过账、手工做过财务报表，而不是听面试者告诉你他使用财务软件如何娴熟。

如何看财务人员的经验

有了好的态度、品行，然后能踏实认真手工做账的会计，就完全可以胜任企业的财务工作。具备好的态度、品行和好的工作习惯的人，更擅于积累经验，会有承担，有责任感，这样的人哪怕会计工作时间不是很久，也是可以委以会计工作的。

记得我们读书的时候大家在书本上学过"小马过河"的故事。同一条河，牛和松鼠给小马的答案各不相同，最后小马自己过去了，结果也和牛和松鼠的体会不一样。

在企业会计工作中，很多人也出现了跟小马相似的困惑，他们要处理自己企业的账务、税务，也是到处找牛问，找松鼠问，牛没有错，松鼠也没有错，但是答案不一样，他们就不敢走了，害怕做了。到处找答案，殊不知答案只有自己才知道，河水的深浅对于不同企业的背景条件，所折射出来的答案是完全不同的，每个企业的账务和税务问题都是不同的，不会有一个标准答案，无论听牛的还是听松鼠的，都不会是最符合自己企业的答案。把账务税务问题比成一条河流，由于企业发生的业务不同，外部和内部环境条件不同，具备承担风险的能力不同，人员结构不同，经营理念不同，就会像牛、松鼠因为自己的身高不同而得到的感受完全不同一样，出现的风险也完全不同。面对很多会计的困惑，我想给的建议是：我们学的所有的会计理论都要到实际中去实践，而不是依赖别人给自己任何标准答案。

而企业老板找会计，也就不能只看经验了，如果一个人不动脑子拿经验到处用，反而就会像松鼠和牛一样，缺乏对客观事实的判断能力，也就是说有经验的会计人员，自视过高，不再踏实做事，不能保持一个好的工作心态，这样对企业也是有隐患的。

如何看财务人员的职称

会计证是指会计的上岗证。如同企业拿到营业执照可以经营了，会计有了会计证就可以合理合法地从事会计工作了。

会计初级职称、中级职称和高级职称，是会计人员从事会计工作一定年限以后，国家通过考试，认可会计人员在会计工作中具备的不同级别的能力。

注册会计师指可以具备审查企业账务，出具审计会计审计报告资格的人。

不同的会计证件，只是在法律法规上约束了会计人员的工作内容、性质及认可的能力。

企业招聘会计人员，也可以根据自身的需要来要求，不用生搬硬套地以职称作为衡量能力的唯一标准。一个只有职称而缺乏踏实肯干工作态度的财务人员，企业也要谨慎考虑是否任用。

后　记

本书的内容都是针对中小企业的财税管理内容，无论是刚刚创业，还是招聘了新的财务人员，只有熟悉和了解了与中小企业财税相关的各个办事环节和流程，才可以踏踏实实地做生意。税务问题和账务问题，我们都要做到最基本的一条，那就是心里有数，这对企业的经营帮助非常大。特别是创业期间的老板，在创业之前熟悉一下这些东西，至少能消除一些税务和账务方面的隐患。

很多人都觉得公司可以边开边学习，所以手里有了一些资本，头脑一热就要去创业。申请营业执照的时候也没有考虑到税务的事情，更没考虑一些办事要注意的问题，造成企业拿到执照以后，面临着很多的困扰。我接触的大大小小的企业很多，不少企业老板都说，一开始的时候根本就不知道会有这么多问题和麻烦事。比如企业办了税务登记证以后发现，有很多税务方面的东西自己都没有了解，其中包括在使用发票时产生的一些税务问题。这些问题只要有一个不注意，企业就可能会被罚款。

所以，初创期的企业，如果能提前了解一些税务和账务方面的问题，然后再去申请执照，就可以避免很多不必要的税务麻烦。这

后记

是我从事会计工作近 20 年来，从接触的大大小小几百家企业中吸取到的一些经验教训。

如果你能够把这本书的内容吃透，那么它一定会帮助你的企业减少很多的财税风险和不必要的损失。

现在我们都处在一个经济社会里，我认为懂一些财务知识对每个人来说是有益处的，就像我们人人都应该了解一些法律一样，掌握一定的财税知识也能对人们的经济行为起到一个指导作用。

另外，我要强调的是，当我们了解了税务和账务上的做法和要求之后，还要学会规范我们的行为。做账之前，一定要控制自己的行为，不该发生的税务风险业务，我们就不要去做。千万不能放任风险发生，然后单据到了会计手上，要会计来处理。因为业务一旦发生，单据收入也随之发生了，到那个时候，即使再高明的会计也没办法帮你了。

所以，企业在做账的时候从一开始就要规范操作，在业务发生之前，你就要规范自己的所有财务行为。

附　录

1. 国家有关发票管理的具体规定

中华人民共和国发票管理办法实施细则

（2011年2月14日国家税务总局令第25号公布 根据2014年12月27日《国家税务总局关于修改〈中华人民共和国发票管理办法实施细则〉的决定》修正）

第一章　总　　则

第一条　根据《中华人民共和国发票管理办法》(以下简称《办法》)规定，制定本实施细则。

第二条　在全国范围内统一式样的发票，由国家税务总局确定。

在省、自治区、直辖市范围内统一式样的发票，由省、自治区、直辖市国家税务局、地方税务局（以下简称省税务机关）确定。

第三条　发票的基本联次包括存根联、发票联、记账联。存根联由收款方或开票方留存备查；发票联由付款方或受票方作为付款原始凭证；记账联由收款方或开票方作为记账原始凭证。

省以上税务机关可根据发票管理情况以及纳税人经营业务需要，增减除发票联以外的其他联次，并确定其用途。

第四条　发票的基本内容包括：发票的名称、发票代码和号码、联次及用途、客户名称、开户银行及账号、商品名称或经营项目、计量单位、数量、单价、大小写金额、开票人、开票日期、开票单位(个人)名称(章)等。

省以上税务机关可根据经济活动以及发票管理需要，确定发票的具体内容。

第五条　用票单位可以书面向税务机关要求使用印有本单位名称的发票，税务机关依据《办法》第十五条的规定，确认印有该单位名称发票的种类和数量。

第二章　发票的印制

第六条　发票准印证由国家税务总局统一监制，省税务机关核发。

税务机关应当对印制发票企业实施监督管理，对不符合条件的，应当取消其印制发票的资格。

第七条　全国统一的发票防伪措施由国家税务总局确定，省税务机关可以根据需要增加本地区的发票防伪措施，并向国家税务总局备案。

发票防伪专用品应当按照规定专库保管，不得丢失。次品、废品应当在税务机关监督下集中销毁。

第八条　全国统一发票监制章是税务机关管理发票的法定标志，其形状、规格、内容、印色由国家税务总局规定。

第九条　全国范围内发票换版由国家税务总局确定；省、自治区、直辖市范围内发票换版由省税务机关确定。

发票换版时，应当进行公告。

第十条　监制发票的税务机关根据需要下达发票印制通知书，被指定的印制企业必须按照要求印制。

发票印制通知书应当载明印制发票企业名称、用票单位名称、发票名称、发票代码、种类、联次、规格、印色、印制数量、起止号码、交货时间、地点等内容。

第十一条　印制发票企业印制完毕的成品应当按照规定验收后专库保管，不得丢失。废品应当及时销毁。

第三章　发票的领购

第十二条　《办法》第十五条所称经办人身份证明是指经办人的居民身份证、护照或者其他能证明经办人身份的证件。

第十三条　《办法》第十五条所称发票专用章是指用票单位和个人在其开具发票时加盖的有其名称、税务登记号、发票专用章字样的印章。

发票专用章式样由国家税务总局确定。

第十四条　税务机关对领购发票单位和个人提供的发票专用章的印模应当留存备查。

第十五条　《办法》第十五条所称领购方式是指批量供应、交旧购新或者验旧购新等方式。

第十六条　《办法》第十五条所称发票领购簿的内容应当包括用票单位和个人的名称、所属行业、购票方式、核准购票种类、开票限额、发票名称、领购日期、准购数量、起止号码、违章记录、领购人签字（盖章）、核发税务机关（章）等内容。

第十七条 《办法》第十五条所称发票使用情况是指发票领用存情况及相关开票数据。

第十八条 税务机关在发售发票时，应当按照核准的收费标准收取工本管理费，并向购票单位和个人开具收据。发票工本费征缴办法按照国家有关规定执行。

第十九条 《办法》第十六条所称书面证明是指有关业务合同、协议或者税务机关认可的其他资料。

第二十条 税务机关应当与受托代开发票的单位签订协议，明确代开发票的种类、对象、内容和相关责任等内容。

第二十一条 《办法》第十八条所称保证人，是指在中国境内具有担保能力的公民、法人或者其他经济组织。

保证人同意为领购发票的单位和个人提供担保的，应当填写担保书。担保书内容包括：担保对象、范围、期限和责任以及其他有关事项。

担保书须经购票人、保证人和税务机关签字盖章后方为有效。

第二十二条 《办法》第十八条第二款所称由保证人或者以保证金承担法律责任，是指由保证人缴纳罚款或者以保证金缴纳罚款。

第二十三条 提供保证人或者交纳保证金的具体范围由省税务机关规定。

第四章 发票的开具和保管

第二十四条 《办法》第十九条所称特殊情况下，由付款方向收款方开具发票，是指下列情况：

（一）收购单位和扣缴义务人支付个人款项时；

（二）国家税务总局认为其他需要由付款方向收款方开具发票的。

第二十五条　向消费者个人零售小额商品或者提供零星服务的，是否可免予逐笔开具发票，由省税务机关确定。

第二十六条　填开发票的单位和个人必须在发生经营业务确认营业收入时开具发票。未发生经营业务一律不准开具发票。

第二十七条　开具发票后，如发生销货退回需开红字发票的，必须收回原发票并注明"作废"字样或取得对方有效证明。

开具发票后，如发生销售折让的，必须在收回原发票并注明"作废"字样后重新开具销售发票或取得对方有效证明后开具红字发票。

第二十八条　单位和个人在开具发票时，必须做到按照号码顺序填开，填写项目齐全，内容真实，字迹清楚，全部联次一次打印，内容完全一致，并在发票联和抵扣联加盖发票专用章。

第二十九条　开具发票应当使用中文。民族自治地方可以同时使用当地通用的一种民族文字。

第三十条　《办法》第二十六条所称规定的使用区域是指国家税务总局和省税务机关规定的区域。

第三十一条　使用发票的单位和个人应当妥善保管发票。发生发票丢失情形时，应当于发现丢失当日书面报告税务机关，并登报声明作废。

第五章　发票的检查

第三十二条　《办法》第三十二条所称发票换票证仅限于在本县(市)范围内使用。需要调出外县(市)的发票查验时，应当提请该县(市)税务机关调取发票。

第三十三条 用票单位和个人有权申请税务机关对发票的真伪进行鉴别。收到申请的税务机关应当受理并负责鉴别发票的真伪；鉴别有困难的，可以提请发票监制税务机关协助鉴别。

在伪造、变造现场以及买卖地、存放地查获的发票，由当地税务机关鉴别。

第六章 罚 则

第三十四条 税务机关对违反发票管理法规的行为进行处罚，应当将行政处罚决定书面通知当事人；对违反发票管理法规的案件，应当立案查处。

对违反发票管理法规的行政处罚，由县以上税务机关决定；罚款额在 2000 元以下的，可由税务所决定。

第三十五条 《办法》第四十条所称的公告是指，税务机关应当在办税场所或者广播、电视、报纸、期刊、网络等新闻媒体上公告纳税人发票违法的情况。公告内容包括：纳税人名称、纳税人识别号、经营地点、违反发票管理法规的具体情况。

第三十六条 对违反发票管理法规情节严重构成犯罪的，税务机关应当依法移送司法机关处理。

第七章 附 则

第三十七条 《办法》和本实施细则所称"以上"、"以下"均含本数。

第三十八条 本实施细则自 2011 年 2 月 1 日起施行。

2. 公司章程范文

XXX 有限责任公司章程

第一章 总 则

第一条 依据《中华人民共和国公司法》(以下简称《公司法》)和《中华人民共和国公司登记管理条例》及有关法律、法规的规定,由_____等_____方共同出资,设立_____有限责任公司(以下简称公司),特制定本章程。

第二条 本章程中的各项条款与法律、法规、规章不符的,以法律、法规、规章的规定为准。公司章程中未载明事项按照《公司法》规定执行。本章程对公司、股东、董事、监事、高级管理人员具有约束力。

第二章 公司名称和住所

第三条 公司名称:_____有限责任公司。

第四条 住所:_____,邮政编码:_____。

第三章 公司经营范围

第五条 公司经营范围(注:根据实际情况具体填写):_____。

第四章 公司注册资本

第六条 公司注册资本:_____万元人民币。

第七条 公司需要减少注册资本时,必须编制资产负债表及财产清单。

公司应当自作出减少注册资本决议之日起十日内通知债权人，并于三十日内在报纸上公告。

公司减资后的注册资本不得低于法定的最低限额。

第八条　公司增加注册资本时，股东认缴新增资本的出资，依照本章程的有关规定执行。

第九条　公司增加或者减少注册资本，应当依法向公司登记机关办理变更登记。

第五章　股东的姓名（名称）、出资方式、出资额和出资时间

第十条　股东的姓名（名称）、认缴及实缴的出资额、出资时间、出资方式如下：

（注：股东的出资方式有：货币、实物、知识产权、土地使用权等可以用货币估价并可以依法转让的非货币财产作价出资。注意不要将货币写成"现金"、将实物写成"设备"、将知识产权写成"专有技术"、"工业产权或非专利技术"、"无形资产"等，这些都是不规范的。如果股东的出资方式在两种以上，应分别列出以每种方式出资的数额及总的出资额。股东的姓名或名称、出资额、出资方式应与验资证明及《公司设立登记申请书》中的股东名录部分相一致。

股东认缴的出资额可以分期出资，公司设立时，全体股东的首次出资额不得低于注册资本的百分之二十，也不得低于法定的注册资本最低限额，其余部分由股东自公司成立之日起两年内缴足；其中，投资公司可以在五年内缴足。如果股东选择分期出资，在此条款中应明确分期出资的具体时间和出资额。全体股东的货币出资金额不得低于注册资本的百分之三十。请根据实际情况填写本表，股

东人数超过三人或者缴资次数超过三期的，应按实际情况续填）。

第十一条　股东应当按期足额缴纳公司章程中规定的各自所认缴的出资额。股东以货币出资的，应当将货币出资足额存入公司在银行开设的账户；以非货币财产出资的，应当依法办理其财产权的转移手续。

股东不按照前款规定缴纳认缴的出资，除应当向公司足额缴纳外，还应当向已按期足额缴纳出资的股东承担违约责任。

第十二条　公司成立后，发现作为设立公司出资的非货币财产的实际价额显著低于公司章程所定价额的，应当由交付该出资的股东补足其差额；公司设立时的其他股东承担连带责任。

第十三条　公司成立后，应当向股东签发出资证明书。

出资证明书应当载明下列事项：

（一）公司名称；

（二）公司成立日期；

（三）公司注册资本；

（四）股东的姓名或者名称、缴纳的出资额和出资日期；

（五）出资证明书的编号和核发日期。

出资证明书由公司盖章。

第十四条　公司应当置备股东名册，记载下列事项：

（一）股东的姓名或者名称及住所；

（二）股东的出资额；

（三）出资证明书编号。

记载于股东名册的股东，可以依股东名册主张行使股东权利。

公司应当将股东的姓名或者名称及其出资额向公司登记机关登记；登记事项发生变更的，应当办理变更登记。未经登记或者变更登记的，不得对抗第三人。

第六章　股东的权利和义务

第十五条　股东享有如下权利：

（一）参加或推选代表参加股东会并按照其出资比例行使表决权；

（二）了解公司经营状况和财务状况，可以要求查阅公司会计帐簿；

（三）选举和被选举为董事会成员（或执行董事）或监事会成员（或监事）；

（四）股东有权查阅、复制公司章程、股东会会议记录、董事会会议决议、监事会会议决议和财务会计报告；

（五）依照法律、法规和公司章程的规定分取红利；

（六）依照法律、法规和公司章程的规定并转让出资额；

（七）优先购买其他股东转让的出资；

（八）优先认缴公司新增资本；

（九）公司终止后，依法应得公司的剩余财产；

（十）其他权利。

第十六条　股东履行以下义务：

（一）遵守法律、行政法规及公司章程；

（二）按期足额缴纳所认缴的出资；

（三）依其所认缴的出资额为限对公司的债务承担责任；

（四）在公司办理登记注册手续后，不得抽回投资；

（五）其他义务。

第十七条　股东应依法行使股东权利，不得滥用股东权利损害公司或者其他股东的利益；不得滥用公司法人独立地位和股东有限责任损害公司债权人的利益。

公司股东滥用股东权利给公司或者其他股东造成损失的，应当依法承担赔偿责任。

公司股东滥用公司法人独立地位和股东有限责任，逃避债务，严重损害公司债权人利益的，应当对公司债务承担连带责任。

第十八条 股东要求查阅公司会计账簿的，应当向公司提出书面请求，说明目的。公司有合理根据认为股东查阅会计账簿有不正当目的，可能损害公司合法利益的，可以拒绝提供查阅，并应当自股东提出书面请求之日起十五日内书面答复股东并说明理由。公司拒绝提供查阅的，股东可以请求人民法院要求公司提供查阅。

第七章　股东会职权、议事规则

第十九条 股东会由全体股东组成，是公司的权力机构，行使下列职权：

（一）决定公司的经营方针和投资计划；

（二）选举和更换非由职工代表担任的董事、监事，决定有关董事、监事的报酬事项；

（三）审议批准董事会的报告；

（四）审议批准监事会的报告；

（五）审议批准公司的年度财务预算方案、决算方案；

（六）审议批准公司的利润分配方案和弥补亏损的方案；

（七）对公司增加或者减少注册资本作出决议；

（八）对发行公司债券作出决议；

（九）对公司合并、分立、解散、清算或者变更公司形式作出决议；

（十）就公司向其他企业投资或者为他人提供担保以及公司为公司股东或者实际控制人提供担保作出决议；

（十一）修改公司章程；

（十二）其他职权（注：由股东自行确定，如股东不作具体规定应将此条删除）。

对前款所列事项股东以书面形式一致同意的，可以不召开股东会议，直接作出决定，并由全体股东在决定文件上签名、盖章。

第二十条　首次股东会会议由出资最多的股东召集和主持。

第二十一条　股东会会议分为定期会议和临时会议。

定期会议于每年二月份（注：由股东也可确定其他时间）定时召开。代表十分之一以上表决权的股东，三分之一以上的董事，监事会提议召开临时会议的，应当召开临时会议。

第二十二条　股东会会议由董事会召集，董事长主持；董事长不能履行职务或者不履行职务的，由副董事长主持；副董事长不能履行职务或者不履行职务的，由半数以上董事共同推举一名董事主持。

董事会不能履行或者不履行召集股东会会议职责的，由监事会召集和主持；监事会不召集和主持的，代表十分之一以上表决权的股东可以自行召集和主持。

（注：有限责任公司不设董事会的，股东会会议由执行董事召集和主持。）

第二十三条　股东会的议事方式和表决程序：

召开股东会会议，应当于会议召开十五日（注：股东也可确定其他通知时间。）以前将会议日期、地点和内容通知全体股东。

股东会会议由股东按照出资比例（注：章程也可以规定股东会会议表决权行使的其他方法，不一定采用按照出资比例的方式。）行使表决权。股东会会议应对所议事项作出决议，决议由代表二分之一以上表决权的股东表决通过。但股东会会议作出修改公司章程、增加或者减少注册资本的决议，以及公司合并、分立、解散或者变更公司形式的决议，必须经代表三分之二以上表决权的股东表决通过。

股东会应当对所议事项的决定作成会议记录，出席会议的股东应当在会议记录上签名。

（注：空格中所填的数应少于后面的"三分之二"，一般为二分之一比较合适，这样才能与第四十二条中的"过半数"相一致。

如果股东约定，股东会决议都应由全体股东表决通过，那么就相应将第四十四条改为"股东向股东以外的人转让股权，应当经其他股东全体同意"，将第二十三条改为"股东会会议应对所议事项作出决议，决议应由全体股东表决通过。"

如果公司没有设董事会而设了一名执行董事，没有设监事会而设 1~2 名监事，那么应相应调整有关条款，如所有条款中涉及"董事会"的字样改为"执行董事"，将"监事会"改为"监事"等；如果公司没有设副董事长，那么就删掉参考格式中"副董事长"的字样。）

第二十四条 股东出席股东会会议可以委托代理人，代理人应向公司提交股东授权委托书，并在授权范围内行使表决权。

第二十五条 公司向其他企业投资或者担保的总额不得超过公司注册资本的百分之五十，单项投资或者担保的数额不得超过公司注册资本的百分之二十五。除法律另有规定外，公司不得成为对所投资企业的债务承担连带责任的出资人。（注：股东可自行确定具体比例。）

第二十六条　公司为公司股东或者实际控制人提供担保的必须经股东会决议。

前款规定的股东或者受前款规定的实际控制人支配的股东，不得参加前款规定事项的表决。该项表决由出席会议的其他股东所持表决权的过半数通过。

第八章　董事会产生办法、职权和议事规则

第二十七条　公司设董事会，成员为_____（注：三至十三人）人，由股东会选举产生。

董事会设董事长一人，副董事长_____（注：也可不设副董事长）人，由董事会以全体董事的过半数选举产生和更换。

（注：两个以上国有企业或其他两个以上国有投资主体投资设立的有限责任公司，其董事会成员中应有公司职工代表；董事会中的职工代表由公司职工通过职工代表大会、职工大会或其他形式民主选举产生。）

第二十八条　董事任期_____（注：任期不得超过三年）年，任期届满，可连选连任。

董事任期届满未及时改选，或者董事在任期内辞职导致董事会成员低于法定人数的，在改选出的董事就任前，原董事仍应当依照法律、行政法规和公司章程的规定，履行董事职务。

第二十九条　董事会对股东会负责，行使下列职权：

（一）负责召集股东会会议，并向股东会报告工作；

（二）执行股东会的决议；

（三）决定公司的经营计划和投资方案；

（四）制订公司的年度财务预算方案、决算方案；

（五）制订公司的利润分配方案和弥补亏损方案；

（六）制订公司增加或者减少注册资本以及发行公司债券的方案；

（七）制订公司合并、分立、解散或者变更公司形式的方案；

（八）决定公司内部管理机构的设置；

（九）决定聘任或者解聘公司经理及其报酬事项，并根据经理的提名决定聘任或者解聘公司副经理、财务负责人及其报酬事项；

（十）制定公司的基本管理制度；

（十一）其他职权（注：由股东自行确定，如股东不作具体规定应将此条删除）。

（注：公司不设董事会的，董事会有关条款可不要。）

第三十条 董事会会议由董事长召集和主持；董事长不能履行职务或者不履行职务的，由副董事长召集和主持；副董事长不能履行职务或者不履行职务的，由半数以上董事共同推举一名董事召集和主持。

第三十一条 董事会的议事方式和表决程序：

召开董事会会议，应当于会议召开十日（注：也可规定其他通知时间。）以前通知全体董事。

董事会决议的表决，实行一人一票。董事会会议应对所议事项作出决议，决议须经二分之一以上董事表决通过，但作出属于第二十九条第二款的（六）、（七）、（九）项决议时，须经三分之二以上董事表决通过。

董事会应当对所议事项的决定作成会议记录，出席会议的董事应当在会议记录上签名。

第三十二条 公司设经理，由董事会决定聘任或者解聘。经理对董事会负责，行使下列职权：

（一）主持公司的生产经营管理工作，组织实施董事会决议；

（二）组织实施公司年度经营计划和投资方案；

（三）拟订公司内部管理机构设置方案；

（四）拟订公司的基本管理制度；

（五）制定公司的具体规章；

（六）提请聘任或者解聘公司副经理、财务负责人；

（七）决定聘任或者解聘除应由董事会决定聘任或者解聘以外的负责管理人员；

（八）董事会授予的其他职权。

经理列席董事会会议。

（注：无董事会的，经理可以由股东会聘任或解聘，经理对股东会负责。）

第九章 监事会产生办法、职权和议事规则

第三十三条 公司设监事会，成员_____（注：成员不得少于三人）人，监事会中股东代表监事与职工代表监事的比例为____：（注：由股东自行确定，但其中职工代表的比例不得低于三分之一）。

监事会中股东代表监事由股东会选举产生。职工代表监事由公司职工通过职工大会民主选举产生。

（注：可通过职工代表大会、职工大会或其他形式民主选举产生。）

董事、高级管理人员不得兼任监事。

第三十四条 监事会设主席一人，由全体监事过半数选举产生。监事会主席召集和主持监事会会议；监事会主席不能履行职务或者不履行职务的，由半数以上监事共同推举一名监事召集和主持监事会会议。

第三十五条 监事的任期每届为三年。监事任期届满，连选可以连任。

监事任期届满未及时改选，或者监事在任期内辞职导致监事会成员低于法定人数的，在改选出的监事就任前，原监事仍应当依照法律、行政法规和公司章程的规定，履行监事职务。

第三十六条 监事会行使下列职权：

（一）检查公司财务；

（二）对董事、高级管理人员执行公司职务的行为进行监督，对违反法律、行政法规、公司章程或者股东会决议的董事、高级管理人员提出罢免的建议；

（三）当董事、高级管理人员的行为损害公司的利益时，要求董事、高级管理人员予以纠正；

（四）提议召开临时股东会会议，在董事会不履行本法规定的召集和主持股东会会议职责时召集和主持股东会会议；

（五）向股东会会议提出提案；

（六）董事、高级管理人员执行公司职务时违反法律、行政法规或者公司章程的规定，给公司造成损失的，应公司股东书面请求，而对董事、高级管理人员提起诉讼；

（七）其他职权（注：由股东自行确定，如股东不作具体规定应将此条删除）。

第三十七条 监事可以列席董事会会议，并对董事会决议事项提出质询或者建议。

监事会发现公司经营情况异常,可以进行调查;必要时,可以聘请会计师事务所等协助其工作,费用由公司承担。

第三十八条 监事会每六个月召开一次会议,监事可以提议召开临时监事会会议。会议至少有二分之一的监事出席方为有效。

第三十九条 监事会的议事方式和表决程序:监事会决议的表决,实行一人一票;监事会会议应对所议事项作出决议,决议须经二分之一以上监事表决通过;监事会应对所议事项的决定作成会议记录,出席会议的监事应当在会议记录上签名。

第四十条 监事会行使职权所必需的费用,由公司承担。

第十章 公司的法定代表人

第四十一条 董事长为公司的法定代表人,任期 (注:任期不得超过三年)年,由董事会全体董事过半数选举产生和更换,任期届满,可连选连任。

第四十二条 董事长行使下列职权:

(一)主持股东会和召集主持董事会会议;

(二)检查股东会会议和董事会议的落实情况,并向董事会报告;

(三)代表公司签署有关文件;

(四)在发生战特大自然灾害等紧急情况下,对公司事务行使特别裁决权和处置权,但这类裁决权和处置权须符合公司利益,并在事后向董事会和股东会报告;

(五)其他职权。

(注:公司设立执行董事而不设董事会的,执行董事或经理可以

作为公司法定代表人，执行董事或经理作为法定代表人的职权参照本条款及董事会职权。）

第十一章　股权转让

第四十三条　股东之间可以相互转让其部分或者全部出资。

（注：如果两个股东之间转让其全部出资的，公司就变成了一人有限责任公司，公司章程应按照一人公司的相关规定修改公司章程。）

第四十四条　股东向股东以外的人转让股权，应当经其他股东过半数同意。股东应就其股权转让事项书面通知其他股东征求同意，其他股东自接到书面通知之日起满三十日未答复的，视为同意转让。其他股东半数以上不同意转让的，不同意的股东应当购买该转让的股权；不购买的，视为同意转让。

经股东同意转让的股权，在同等条件下，其他股东有优先购买权。两个以上股东主张行使优先购买权的，协商确定各自的购买比例；协商不成的，按照转让时各自的出资比例行使优先购买权。（注：对行使优先购买权也可以规定股东按其他方式行使。）

第四十五条　股东依法转让其出资后，公司应当注销原股东的出资证明书，向新股东签发出资证明书，并相应修改公司章程和股东名册中有关股东及其出资额的记载。对公司章程的该项修改不需再由股东会表决。

第四十六条　有下列情形之一的，对股东会该项决议投反对票的股东可以请求公司按照合理的价格收购其股权：

（一）公司连续五年不向股东分配利润，而公司该五年连续盈利，并且符合本法规定的分配利润条件的；

（二）公司合并、分立、转让主要财产的；

（三）公司章程规定的营业期限届满或者章程规定的其他解散事由出现，股东会会议通过决议修改章程使公司存续的。

自股东会会议决议通过之日起六十日内，股东与公司不能达成股权收购协议的，股东可以自股东会会议决议通过之日起九十日内向人民法院提起诉讼。

第四十七条 自然人股东死亡后，其合法继承人可以继承股东资格。

（注：章程对自然人股东死亡后其股东资格的继承也可作出其他约定。）

第十二章 公司董事、监事、高级管理人员的资格和义务

第四十八条 有下列情形之一的，不得担任公司的董事、监事、高级管理人员：

（一）无民事行为能力或者限制民事行为能力；

（二）因贪污、贿赂、侵占财产、挪用财产或者破坏社会主义市场经济秩序，被判处刑罚，执行期满未逾五年，或者因犯罪被剥夺政治权利，执行期满未逾五年；

（三）担任破产清算的公司、企业的董事或者厂长、经理，对该公司、企业的破产负有个人责任的，自该公司、企业破产清算完结之日起未逾三年；

（四）担任因违法被吊销营业执照、责令关闭的公司、企业的法定代表人，并负有个人责任的，自该公司、企业被吊销营业执照之日起未逾三年；

（五）个人所负数额较大的债务到期未清偿。

公司违反前款规定选举、委派董事、监事或者聘任高级管理人员的，该选举、委派或者聘任无效。

董事、监事、高级管理人员在任职期间出现本条第一款所列情形的，公司应当解除其职务。

第四十九条 董事、监事、高级管理人员应当遵守法律、行政法规和公司章程，对公司负有忠实义务和勤勉义务。

董事、监事、高级管理人员不得利用职权收受贿赂或者其他非法收入，不得侵占公司的财产。

第五十条 董事、高级管理人员不得有下列行为：

（一）挪用公司资金；

（二）将公司资金以其个人名义或者以其他个人名义开立账户存储；

（三）违反公司章程的规定，未经股东会同意，将公司资金借贷给他人或者以公司财产为他人提供担保；

（四）违反公司章程的规定或者未经股东会同意，与本公司订立合同或者进行交易；

（五）未经股东会同意，利用职务便利为自己或者他人谋取属于公司的商业机会，自营或者为他人经营与所任职公司同类的业务；

（六）接受他人与公司交易的佣金归为己有；

（七）擅自披露公司秘密；

（八）违反对公司忠实义务的其他行为。

董事、高级管理人员违反前款规定所得的收入应当归公司所有。

第五十一条 董事、监事、高级管理人员执行公司职务时违反法律、行政法规或者公司章程的规定，给公司造成损失的，应当承担赔偿责任。

第五十二条 股东会要求董事、监事、高级管理人员列席会议的,董事、监事、高级管理人员应当列席并接受股东的质询。

董事、高级管理人员应当如实向监事会提供有关情况和资料,不得妨碍监事会行使职权。

第五十三条 董事、高级管理人员有本章程第五十一条规定的情形的,股东可以书面请求监事会向人民法院提起诉讼;监事有本章程第五十一条规定的情形的,前述股东可以书面请求董事会向人民法院提起诉讼。

监事会或者董事会收到前款规定的股东书面请求后拒绝提起诉讼,或者自收到请求之日起三十日内未提起诉讼,或者情况紧急、不立即提起诉讼将会使公司利益受到难以弥补的损害的,前款规定的股东有权为了公司的利益以自己的名义直接向人民法院提起诉讼。

他人侵犯公司合法权益,给公司造成损失的,本条第一款规定的股东可以依照前两款的规定向人民法院提起诉讼。

第五十四条 董事、高级管理人员违反法律、行政法规或者公司章程的规定,损害股东利益的,股东可以向人民法院提起诉讼。

第十三章 公司财务、会计和利润分配

第五十五条 公司应当依照法律、行政法规和国务院财政主管部门的规定建立本公司的财务、会计制度。

公司会计年度为公历一月一日到十二月三十一日。公司应当在每一会计年度终了时编制财务会计报告,并依法经会计师事务所审计。财务会计报告应当包括下列财务会计报告及附属明细表:

(一)资产负债表;

(二)损益表;

（三）财务状况变动表；

（四）财务情况说明书；

（五）利润分配表。

公司应当在每一会计年度终了三十日（注：也可规定其他时间。）内将财务会计报告送交各股东。

第五十六条　公司分配当年税后利润时，应当提取利润的百分之十列入公司法定公积金。公司法定公积金累计额为公司注册资本的百分之五十以上的，可以不再提取。

公司的法定公积金不足以弥补以前年度亏损的，在依照前款规定提取法定公积金之前，应当先用当年利润弥补亏损。

公司从税后利润中提取法定公积金后，经股东会决议，还可以从税后利润中提取任意公积金。

公司弥补亏损和提取公积金后所余税后利润，按照股东实缴的出资比例（注：对红利的分配也可以规定其他方式，）分配。

股东会或者董事会违反前款规定，在公司弥补亏损和提取法定公积金之前向股东分配利润的，股东必须将违反规定分配的利润退还公司。

第五十七条　公司的公积金用于弥补公司的亏损，扩大公司生产经营或者转为增加公司资本。法定公积金转为资本时，所留存的该项公积金不得少于转增前公司注册资本的百分之二十五。

第五十八条　公司除法定的会计账簿外，不得另立会计账簿。

对公司资产，不得以任何个人名义开立账户存储。

第十四章　公司合并、分立

第五十九条　公司合并，应当由合并各方签订合并协议，并编制资产负债表及财产清单。公司应当自作出合并决议之日起十日内通知债权人,并于三十日内在报纸上公告。

第六十条　公司合并时,合并各方的债权、债务,应当由合并后存续的公司或者新设的公司承继。

第六十一条　公司分立,其财产作相应的分割。

公司分立,应当编制资产负债表及财产清单。公司应当自作出分立决议之日起十日内通知债权人,并于三十日内在报纸上公告。

第六十二条　公司分立前的债务由分立后的公司承担连带责任。但是,公司在分立前与债权人就债务清偿达成的书面协议另有约定的除外。

第六十三条　公司合并或者分立,登记事项发生变更的,应当依法向公司登记机关办理变更登记;公司解散的,应当依法办理公司注销登记;设立新公司的,应当依法办理公司设立登记。

第十五章　公司解散和清算

第六十四条　有下列情形之一的,公司可以解散:

(一)公司章程规定的营业期限届满;

(二)股东会决议解散;

(三)因公司合并或者分立需要解散的;

(四)依法被吊销营业执照、责令关闭或者被撤销的;

(五)公司经营管理发生严重困难,继续存续会使股东利益受到重大损失,通过其他途径不能解决的,持有公司全部股东表决权百分之十以上的股东,可以请求人民法院解散公司。

第六十五条　公司有本章程第六十四条第(一)项情形的,可以通过修改公司章程而存续。

依照前款规定修改公司章程，须经持有三分之二以上表决权的股东通过。

第六十六条　公司因本章程第六十四条第（一）项、第（二）项、第（四）项、第（五）项规定而解散的，应当在解散事由出现之日起十五日内成立清算组，开始清算。清算组由股东组成。

第六十七条　清算组在清算期间行使下列职权：

（一）清理公司财产，分别编制资产负债表和财产清单；

（二）通知、公告债权人；

（三）处理与清算有关的公司未了结的业务；

（四）清缴所欠税款以及清算过程中产生的税款；

（五）清理债权、债务；

（六）处理公司清偿债务后的剩余财产；

（七）代表公司参与民事诉讼活动。

第六十八条　清算组应当自成立之日起十日内通知债权人，并于六十日内在报纸上公告。债权人应当自接到通知书之日起三十日内，未接到通知书的自公告之日起四十五日内，向清算组申报其债权。

债权人申报债权，应当说明债权的有关事项，并提供证明材料。清算组应当对债权进行登记。

在申报债权期间，清算组不得对债权人进行清偿。

第六十九条　清算组在清理公司财产、编制资产负债表和财产清单后，应当制定清算方案，并报股东会确认。

公司财产在分别支付清算费用、职工的工资、社会保险费用和法定补偿金，缴纳所欠税款，清偿公司债务后的剩余财产，按照股东的出资比例分配。

清算期间，公司存续，但不得开展与清算无关的经营活动。公司财产在未依照前款规定清偿前，不得分配给股东。

第七十条 清算组在清理公司财产、编制资产负债表和财产清单后，发现公司财产不足清偿债务的，应当依法向人民法院申请宣告破产。

公司经人民法院裁定宣告破产后，清算组应当将清算事务移交给人民法院。

第七十一条 公司清算结束后，清算组应当制作清算报告，报股东会确认，并报送公司登记机关，申请注销公司登记，公告公司终止。

第七十二条 清算组成员应当忠于职守，依法履行清算义务。

清算组成员不得利用职权收受贿赂或者其他非法收入，不得侵占公司财产。

清算组成员因故意或者重大过失给公司或者债权人造成损失的，应当承担赔偿责任。

第七十三条 公司被依法宣告破产的，依照有关企业破产的法律实施破产清算。

第十六章　股东会会议认为需要规定的其他事项

第七十四条 公司必须保护职工的合法权益，依法与职工签订劳动合同，参加社会保险，加强劳动保护，实现安全生产。

公司应当采用多种形式，加强公司职工的职业教育和岗位培训，提高职工素质。

第七十五条 公司职工依照《中华人民共和国工会法》组织工会，开展工会活动，维护职工合法权益。公司应当为本公司工会提供必要的活动条件。公司工会代表职工就职工的劳动报酬、工作时间、福利、保险和劳动安全卫生等事项依法与公司签订集体合同。

公司依照宪法和有关法律的规定，通过职工大会实行民主管理。

公司研究决定改制以及经营方面的重大问题、制定重要的规章制度时，应当听取公司工会的意见，并通过职工大会听取职工的意见和建议。

（注：也可通过职工代表大会或者其他形式。）

第七十六条 在公司中，根据中国共产党章程的规定，设立中国共产党的组织，开展党的活动。公司应当为党组织的活动提供必要条件。

第七十七条 公司可以设立分公司。设立分公司，应当向公司登记机关申请登记，领取营业执照。分公司不具有法人资格，其民事责任由公司承担。

公司可以设立子公司，子公司具有法人资格，依法独立承担民事责任。

第七十八条 公司的控股股东、实际控制人、董事、监事、高级管理人员不得利用其关联关系损害公司利益。

违反前款规定，给公司造成损失的，应当承担赔偿责任。

第七十九条 公司股东会、董事会的决议内容违反法律、行政法规的无效。

股东会、董事会的会议召集程序、表决方式违反法律、行政法规或者公司章程，或者决议内容违反公司章程的，股东可以自决议作出之日起六十日内，请求人民法院撤销。

公司根据股东会、董事会决议已办理变更登记的，人民法院宣告该决议无效或者撤销该决议后，公司应当向公司登记机关申请撤销变更登记。

第十七章 附 则

第八十条 公司的营业期限（注：对营业期限也可规定其他时间。）年，自《企业法人营业执照》签发之日起计算。

第八十一条 公司根据需要或涉及公司登记事项变更的可修改公司章程，修改后的公司章程不得与法律、法规相抵触，并送交原公司登记机关备案，涉及变更登记事项的，应同时向公司登记机关申请变更登记。

第八十二条 本章程下列用语的含义：

（一）高级管理人员，是指公司的经理、副经理、财务负责人。

（二）控股股东，是指其出资额占公司资本总额百分之五十以上的股东；出资额的比例虽然不足百分之五十，但依其出资额所享有的表决权已足以对股东会的决议产生重大影响的股东。

（三）实际控制人，是指虽不是公司的股东，但通过投资关系、协议或者其他安排，能够实际支配公司行为的人。

（四）关联关系，是指公司控股股东、实际控制人、董事、监事、高级管理人员与其直接或者间接控制的企业之间的关系，以及可能导致公司利益转移的其他关系。但是，国家控股的企业之间不仅因为同受国家控股而具有关联关系。

第八十三条 公司章程的解释权属于董事会。

（注：公司设执行董事的情况下，公司章程的解释权应属于股东会。）

第八十四条 本章程由全体股东共同订立，自公司设立之日起生效。

第八十五条 公司登记事项以公司登记机关核定的为准。

第八十六条 本章程一式 份，并报公司登记机关一份。

全体股东亲笔签字、盖公章：

3.营业执照各项内容变更需提供股东会决议样本

范本：

_____有限公司

股东会决议

出席会议股东：_____、_____、_____。

列席会议新增股东：_____。

根据《公司法》及公司章程，_____有限公司于200____年____月____日在（地点）召开股东会，出席本次会议的股东共____人，代表公司股东____%的表决权，所作出决议经公司股东表决权的____%通过。决议事项如下：

1.同意（原股东）将占公司注册资本____%共____万元的出资转让给（新股东）。

2.同意公司住所迁至_____（具体地址）。

3.…………。（其它需要决议的事项请逐项列明）

原股东：（签名、盖章）　　新增股东：（签名、盖章）

年　月　日

注：

1.本范本适用于变更登记的有限责任公司（非国有独资）。公司变更登记应当提交股东会决议（除变更经营范围）；

2.变更登记事项涉及修改章程，所作出决议须经全体股东表决通过。出席股东如有反对或弃权的应列明所占表决权比例；

3.出席会议股东人数不包含列席会议新增股东人数；

4.股东为法人的，"出席会议股东"应写明其单位名称，如需列明其出席代表姓名，可在单位名称后加"(出席代表：×××)"；

5.股东为自然人的，由其签名；股东为法人的，由其法定代表人签名，并在签名处盖上单位印章；签名不能用私章或签字章代替；签名应用签字笔或墨水笔，不得与正文脱离单独另用纸签名；

6.为减少文件份数，本范本将股东变更前后的股东会决议合并而写，如需要可分开写。没有转让出资新增股东的，适当删减范本中有关"新增股东"的内容；

7.文件签署后应在规定有效期内（变更名称、法定代表人、经营范围为30日内，变更住所为迁入新住所前，增资为股款缴足30日内，变更股东为股东发生变动30日内，减资、合并、分立为90日后）提交登记机关，逾期无效；

8.使用A4纸、涂改无效，复印件无效。